I0196780

www.ingramcontent.com/pod-product-compliance
Lightning Source LLC
Chambersburg PA
CBHW061431040426
42450CB00007B/995
9781942912057

پرستوها

شهلا لطیفی

عنوان کتاب: پرستوها

نام شاعر: شهلا لطیفی

شابک: ۹۷۸۱۹۴۲۹۱۲۰۵۷

کدشناسایی کتابخانه کنگره: ۲۰۱۵۹۱۶۶۲۶

ناشر: سوپریم آرت (هنر برتر)، لس آنجلس

انتشار با کمک آسان نشر

www.ASANASHR.com

کلیه حقوق مادی و معنوی اثر برای نویسنده محفوظ می باشد

بهار ۱۳۹۲ خورشیدی

اهدا به مادرم لیلا عظیمی

و پدرم رحمان لطیفی

که بهترین ها را برایم هدیه کردند.

بگذار پرواز پرستوها در آسمان، به جمع کردن بالها برفراز آشیانه پایان یابد.

«تاگور»

فهرست

۱ نیایش ۱۴
۲ پرستوها ۱۶
۳ شعر میشوم ۱۷
۴ نور امید ۱۸
۵ استقبال ۱۹
۶ شقایق ۲۰
۷ ای همدیار من..................... ۲۱
۸ تو ۲۳
۹ اشک..................... ۲۴
۱۰ گل سیب..................... ۲۵
۱۱ بمان ۲۶
۱۲ آرزو ۲۸
۱۳ یاد می آورم..................... ۲۹
۱۴ می ترسم..................... ۳۰
۱۵ زن ۳۲
۱۶ قهرم ۳۳
۱۷ پرواز می کنم ۳۵
۱۸ کبوتر ۳۶
۱۹ تبسم ۳۷
۲۰ درخت تنها..................... ۳۸
۲۱ تفکر ۳۹
۲۲ به ستایش زن ۴۰

۵

۲۳	بنازمت	۴۲
۲۴	ستره خیال	۴۳
۲۵	پدرم	۴۵
۲۶	سرزمین من	۴۷
۲۷	مادرم	۴۹
۲۸	نیما	۵۱
۲۹	وفای دل	۵۲
۳۰	آرمان	۵۳
۳۱	برچینم	۵۴
۳۲	تخیل	۵۶
۳۳	مستی	۵۷
۳۴	چنان خواهمت	۵۸
۳۵	مترس	۵۹
۳۶	هستی ام	۶۱
۳۷	ز چاک سینه داغیده آهی سرد بخیزد	۶۲
۳۸	به نثارت	۶۴
۳۹	آرزو	۶۵
۴۰	بنازم	۶۶
۴۱	جرعه	۶۸
۴۲	یأس	۶۹
۴۳	غمین رخسار	۷۰
۴۴	انتظار	۷۱
۴۵	خندیدی،-استقبالیه از شعر «سیب»	۷۲

۴۶	مرگ من روزی فرا خواهد رسید	۷۴
۴۷	آرزو	۷۶
۴۸	بچین	۷۷
۴۹	شبپره	۷۹
۵۰	خیال تو	۸۰
۵۱	غروب	۸۱
۵۲	خواهانمت	۸۲
۵۳	نگاه	۸۳
۵۴	دخترک	۸۴
۵۵	اعتماد	۸۵
۵۶	سال نو	۸۶
۵۷	امید	۸۷
۵۸	خاطرات	۸۸
۵۹	غصه	۸۹
۶۰	مهر خدا	۹۰
۶۱	خسته ام	۹۱
۶۲	حیفم	۹۲
۶۳	شب یلدا	۹۳
۶۴	می پسندم	۹۴
۶۵	درخت تنها	۹۵
۶۶	با تو بودن	۹۶
۶۷	وصال	۹۷
۶۸	دستم بگیر	۹۸

69	لبخند مادر	99	
70	عشق	100	
71	به نثارت	101	
72	سفر	102	
73	هوس کردم	103	
74	خوشبختی	104	
75	جامه‌ی زرین	105	
76	دیارم که چه سرد	106	
77	عیدانه	107	
78	قاصرم	108	
79	احساسم	109	
80	خشکیده	110	
81	حزینم	112	
82	آرام می‌خواهم	113	
83	دوست می‌دارم	114	
84	دلواپسی	115	
85	برگ پاییزی	116	
86	سرور	117	
87	آسمان رنگین	118	
88	پاییز	119	
89	احساس عشق	120	
90	سفره	121	
91	رؤیا	122	

۹۲	بوسه	۱۲۳
۹۳	پرستو	۱۲۴
۹۴	غصه‌ی دیروز	۱۲۵
۹۵	بهاریه	۱۲۶
۹۶	باری گران	۱۲۷
۹۷	عهد کردم	۱۲۹
۹۸	هلهله	۱۳۱
۹۹	من زن ام	۱۳۲
۱۰۰	بهار امید	۱۳۴
۱۰۱	می رقصم	۱۳۵
۱۰۲	هدیه	۱۳۶
۱۰۳	رسان	۱۳۷
۱۰۴	بهار امید	۱۳۹
۱۰۵	نقش آرزو	۱۴۰
۱۰۶	لغزش	۱۴۱
۱۰۷	مرد	۱۴۲
۱۰۸	شاد باشید	۱۴۳
۱۰۹	نوروز	۱۴۴
۱۱۰	حجله	۱۴۵
۱۱۱	امتداد	۱۴۶

نقد ساختاری پرستوهای شهلا لطیفی ۱۴۹

دکتر بیژن باران ۱۴۹

نقد زبان شعری پرستوهای شهلا لطیفی ۱۶۱

دکتر بیژن باران ۱۶۱

عشق در پرستوهای شهلا لطیفی ۱۷۴

دکتر بیژن باران ۱۷۴

تنانگی پرستوهای شهلا لطیفی ۱۸۷

دکتر بیژن باران ۱۸۷

من مرهون طبیعت هستم. و خلاقش را به نیایش می نشینم.

یکی از شگفتی های طبیعت که مرا جاذبه می بخشد و لذت همگانی، پرنده گان است با همه گیرایی و شکوه شان.

به ویژه پرستو که ظرافت نامش در باغچهٔ ادبیات رنگ زیبا دارد و پرهای لطیفش در گلستان ادبیات هماهنگی با بهاران.

اشاراتی فشرده در مورد اشعار شهلا لطیفی

من به سه گونه شعر از نگاه اوزان شعری آشنایی دارم: شعر در اوزان سنتی، اوزان نیمایی و شعر سپید یا ازاد که، ادبیات شناسان قدیم آنگونه شعر را شعر منثور، عبارت کرده اند. شعر سنتی (به اشعاری گفته میشود که در اوزان تقطیع میشود). نیمایی (به آن نوع شعر اطلاق میگردد که از قید قافیه ی قرار دادی آزاد است و شاعر در همان وزنی که شعر خود را آغاز مینماید در همان وزن پایان میدهد). دیگر این که در این نوع شعر مصراع ها مساوی نیستند. در باب قافیه این را هم باید افزود که نیما شخصاً به قافیه اهمیت فراوانی قایل بود، اما به قافیه طبیعی و در خور منطق و اقتضای خاص شعر و برای ایجاد طنین موسیقی واقعاً هنرمندانه. شعر سپید یا آزاد شعری ست، که تمام خصیصه ها، ضوابط و روابط، تناسب و تلازمات شعری را در خود دارد، جز این که فاقد اوزان سنتی و نیمایی میباشد یعنی از اوزان آزاد است. در این گونه شعر آهنگین بودن و بافت های لفظی خاص جای وزن را میگیرد.

هدف اصلی از اشارات بالایی در مورد اوزان شعر، این است که خوشبختانه خوانش دفتری از واردات قلبی شاعره ی گرامی شهلا لطیفی نصیبم گردید. دفتری که مشتمل بر یک سلسله سروده های بلند و کوتاه، که در جویبار هر یکی از آن ها که شعر آزاد عبارت میشود، عواطف رقیق و احساس و مضامین دقیق و عمیق فردی و فرا فردیت شاعره ی با درد و گرامی ما جاریست که همه نمای درد های عمیق و عمومی انسانی است

آگاه و صاحب دید و بینش رسا.

به نظر من آنانی که با فضای شعر به معنی دقیق آن اشنایی علمی و ذوقی داشته باشند می بینند و می دانند که اشعار شاعره ی خودآگاه خود یافت است نه بافت.

من از سوی خود اقبال این شاعره را در سرایش شعر مبارکباد میگویم.

حیدری وجودی

کابل،

هفتم ماه حمل ۱۳۹۲ خورشیدی

۱ نیایش

درد را دیدم چه رنگین

ارغوان رنگش تیره در دیار قلب سرد

غم را دیدم چه سنگین

حجم سطحش مباهات تر از حلقه ی بند

رنج را دیدم شگوفان

ریشه اش آراسته آن دنیای زرد

ترس را دیدم خروشان که با آن موج غریبانه ی حس

حلقه ها می بست ز شوق و هوس

مکث کردم و نیایش

ناگهانی در کبودی عرش قسمت

لمس حق دیدم که با نور خموش

و هم لمحه ی امید را که شادان

با قدم های تند و محکمش

رو به سوی روزن فردای شاد بود و

آن تجلی روز

۲ پرستوها

در پاییز خاطرم

بستان ز افق را در تنومندی آسمان عریض

و آن پرستوی رنگین را دیدم

که ز برای اشک چشمش

قطره‌ای از زلال نور بستان را به قربت می گرفت

و قرمزین شاخه ی یادگاری را

در سینه نهان داشت چه لطیف

ز برای آن پرستوی دلش

با محبت

با امید

تا دیگر پرستوهای عشق را به پذیرایی روند

جاودانه

۳   شعر میشوم

هر لحظه من به یاد رویت شعر میشوم

ز خاطرت شگفته گلی شعر میشوم

از لعل لبانت خامه ی شهد و هوس را

چکیده در طنین حسم شعر میشوم

از شیرینی کلام تو و جهد تفکر

چشیده ذره ی و ز شوق شعر میشوم

ز نقش آن خیال رُخت بهر تسکینم

درباغ ستایش ز تو من شعر میشوم

تمکین و این اعراض دلم را بهانه ایست

لغزیده به حضور دلت شعر میشوم

از حس دیدن تو همه غنچه های نغز

پیچیده در لفافه ی نور شعر میشوم

گر من را هم نباشد ره ی در طراز عشق

خسبیده در حریر تنت شعر میشوم

٤   نور امید

سراشیب وجودت را

غم های کهن ماواست چه دیرین

عمق دیدگانت را غبار یأس و تنهایی

روان پاک و ساده ات غمین در پیکر اظهار

و سرانگشت نیازت است خمود در موج رویایی

اما ای همنفس دور دست های غم

نور حقانیت و امید را بشتاب با لبخند

کان فروغ خنده هایت رهگشای درد

در اغراق ظلمانی

۵ استقبال

طنین صدایت را آزادی روحم به استقبال می نشیند

و خنده هایت ستاره ی وجدانم را به تماشا

با چه اعتماد

٦   شقایق

شقایق دلم را

تحفه ی آن بستان خاطرت کردم به ظرافت

پرپرش مکن

۷ ای همدیار من

ز حس پامال شدنت با دیده ی ضریر
از آنهمه سرایر تلخین و شکسته
زآن نور آتشین که غریق در ظلمات شب
وز آنهمه روایات هولناک سحرگاه
ای همدیار من استوار خواهمت

در بحر که سراسرش رنگین با خون دل
ماهش غبار دارد زآن تیرگی بخت
و چشم ستاره اش بجسته ز روشنی
ای همدیار من امیدوار خواهمت

ای کودک منزه که رنگت چه خیره است
ای مادری که قلب طهورت چه ناتوان
ای مرد نیک سرشت که چه غرق درتیرگی

ز آن صیاد مغرض که پی ستتره آهوان

وز ناخوش حقایق خفته در بیخ ریشه ها

ای همدیار من مصئون خواهمت

۸ تو

غروب شب هایم که با حس تو فروغ می شود

و طلوع بامدادم با لمس تو

خورشید

۹ اشک

ای که اشکت ز تراوش های دل قصه دارد نرمین

قطره هایش را بچینم به خوشه ها

و در ته ی صندوقچه دل بشگفمش ز یقین

تا که آبیاری کند آن غصه های دیرین

۱۰   گل سیب

گل سیب امیدم را

بلغزانم نرمیانه در کنار باغ امیدت با علایق

تا که پربارش کند چون خوش چمنزاری ز شقایق

۱۱ بمان

حست چه بهشتی

لمست، سبزینه فرش ز بستان آرزو

نگاهت، شبنم لغزان ز رخ عنبرین

خنده ات، خش خش مرغان خواب آلود سحرگاه وصال

مقدمت، شهپره ی عشق و نیاز

قلبت، گرمی خورشید ز بین شاخه ها

دستت، حلقه ی زرین فتان و آرزو

روحت، آن گلگونه باغ ز نیاز

بویت، عطر خوش نیمه شب های وصال

مزه ات، شهد گلبرگ بهار

صدایت، نغمه ی آهنگ روز

گیسوات، پیچش از مستی شب

چشمانت، سایه ی سرد سحرگاه جنون

کلامت، روزن خوشبختی ها در نیمه روز

و خودت طاهری ازستره گی ها

پس بمان

ای خوبترین هدیه ی ز مهر و سرور

تا حیاتم

نغزترین فصل ز امیدها شود

۱۲   آرزو

غمت را خوشه کنم با شهامت

و نثار آن گلستان آرزو

تا تخم آرزو بشکفد

ستره در گلبرگ های خفته در غم

و گلگونش با تازه آرمان بهشتی

۱۳ یاد می آورم

ترا به یاد می آورم

در تلاطم شب ها که رنگ مه ست غمین

و درب آشیانه بسته است روی مرغ حزین

ز بهر راحتم و پُر شرر روح گرمین

ترا به یاد می آورم

۱٤ می ترسم

ز اختلال فطرتم در بن بست حقیر

ز لرزش یک نور بی آزار می ترسم

ز ترس بجا ماندنم در روح منجمد

ز سردی اندیشه های زار می ترسم

ز آن نرمین لمس عشق در سراپرده ی اسرار

ز آزرده گی قلب چمنزار می ترسم

نه رحم و نه صداقت و نه راز مصئون ز غیر

از غرقاب حس در شب تار می ترسم

آن گنجینه ی مهر که چه تابان ز لعل عشق

از سفتی سنگش بی اعتبار می ترسم

در انقلاب روح که بزرگ است ز شادی ها

ز خاکساری باغچه ی آرمان می ترسم

ز محفلی که دست، چپاول کند همی

ز غلغله و شادی اغیار می ترسم

در بیش و کم ز سترگی یک فضای عشق

ز هلهله ی مرغک قهار می ترسم

در وادی اصالت که نغز است نهال مهر

زآن خونچکان فرش گلستان می ترسم

از مقدم صفا در گذرگاه آرزو

ز ریخته گی حس اعتبار می ترسم

۱۵ زن

توساق پا بنگری ومن مقدم ی ز مهر

تو آن قد رسایش

من یک الهام ز شعر

تو شاخه بنگری و چه پربارش با هوس

من گلبرگی ز همت که رنگین با عشق و مهر

تو لب بنگری به سان پاره قند ناب

من یک کلام خشک که خفته ست در بند و گیر

تو چشم بنگری و چه مخمور ز راز عشق

من بحر پرتلاطم

که امواجش چه شریر

تو پوست بنگری به دلاویزی بهار

من سفت دیده ی که چه بیناست اما ضریر

تو زن بنگری اش و خوش طعمه ی ز عشق

من جسمستره ی که چه مردانه

لیکن صغیر

۱٦   قهرم

از عجایب دوران

زآن شر یک آرمان شکسته و آن خموشی گلبانگ آرزو

از واژه های گرم که سرد اند در یقین

وز حس بیگانگی ام در باغچه گران

قهرم

از نیلگون پرده ی آسمان در ظلمت قهار

از سوزش یک شمع در سرای بیدلی

ز رنگ معامله در گُلدان زندگی

وز زجرت سردی زمستان

قبل از بهار

قهرم

ز سبکدل حقیر که رنگش بی اعتبار

آن کور دلی که دیده اش بینا ز حسرتی

ز بینای که دیده اش خموش در مستی ها

وز سنگدل ی که قلبش سیه ست و در غبار

قهرم

۱۷ پرواز می کنم

زین بند که بشکسته در آن قید خرافات

ز خمپاره ی درشت این دیار زندگی

وز قعر تعصب

پرواز می کنم

زین خوش سیاره ی که مزین است با غرض

زین گوشه که بعید ز آستانه صفا

وز بار تملق پرواز می کنم

در تجلی اختر یک شب عاشقانه

رها ز ترس و بیم

عاری ز قید و شرط

در عمق از بیخودی و همدلی دو تن

پرواز می کنم

۱۸ کبوتر

کبوتر را دوست می دارم

رنگش را

نرمی پرهای نفیسش در لابلای دستان پر ارج مهر و عشق

و سینه ی مخملینش را که در گوش دلم افسانه می خواند

ز عشق پاک آزادی

۱۹ تبسم

تا آن کودک ی برهنه را بدادم آغوش

حریر تبسم پوشایندش

چه نرم

۲۰   درخت تنها

ای سرد درخت تنها مغروق در خشکی ها

دستی بزن در زردی اوراق فطرتت

و التماس ز انگشت امید در روح تنگ

کآن گرم شیره ی برهان زنده گی

چه مست هنوز هم

در مغز ریشه های نهانت رخنه دارد

۲۱ تفکر

ز تفکر می گریم

به سیاهی روز و سردی های شب

و به آن باغچه بهاری که غنچه هایش چه سخت

در خشکی های تار خوابیده اند

۲۲ به ستایش زن

اسمت، لاجوردین

التماست، روضه ای از خوبی ها

کمالت، لعل التماس

بیانت، لمحه ی روشنی ها

خیالت، حریر بدرقه ای

افکارت، که چه والا

صفایت، لغزش پروانه ای

کمالت، بخشش پر از سخا

همتت، غلیظ با رنگ طهور

عهدت، تکیه گاهی بی ریا

قلبت، گنج پرنور عاطفه

قلمت، یک باغچه شگفتی ها

گفته ات، الهام ز مهر

بودنت، هستی در شادمانی ها

پس تو ای عزیزترین رقم ز عشق

مهر را محفوظ بدار در سینه ات

و شادی را به نثار قحطی های زندگی

تا جاودانه بماند این بهار

۲۳ بنازمت

ای دوشیزه ی تنها در مرز سرد

روحت چه سخت در رقعه غم های جانگداز زمستان

نعره دارد

بتاب ز میمنت قلب خسته ات

و گامی گذار در پرتو مشفق آرزو

چون هستی روحت

ز درخشندگی نور شبستان

بهره دارد

۲٤   ستره خیال

تنت به ناز طبیبان نیازمند مباد

وجود نازکت ازرده ی گزند مباد

(لسان الغیب-حافظ شیرازی)

آن سراپای نفیست و همه ستره خیال

ز اشتیاق و نیازت پی کمند مباد

روح سبزین و ظریفانه با پرهای شگفت

به میل بدرقه ی غم آرزومند مباد

دست مهرت که تنومند چو ساقه ی انوار

ز بهری آسایش دل دردمند مباد

نیایش سحرم را به قبله گاهی نیاز

برای خاطرت ای دوست سوگمند مباد

نرمیانه من بپیچم ز تقصیرم که گهی

ز باری حرص و زیانش دلم در بند مباد

چو رو کنم به سویت مست ز رغم تنهایی ها

در بگشا که دست غم نیرومند مباد

۲۵   پدرم

در نگاهی پدرم

مستی کودک شور

رنگ نغز ز بهاران دیگر

پرده ی غمزده ز چرخ زمان

و گل خشکیده ز اندوه خزان را دیدم

در نگاهش یک تنومندی ز آن جذبه ی گرم

رنگ رخسار ز یک عشق دیرین

نالش و درد میان برگه ها

گل سرخی

ز بستان مادرش را دیدم

و در نگاه پدرم

قدری اصالتش به فخامت لعل

بوسه ی مهر ز جبین آرزو

و گل بشکفته ز آرمان فتان را

دیدم

۲٦ سرزمین من

ای سرزمین من

در قعر آن دلتنگی ات

ز قرمز روح خونین

زآن کوه اعتمادت که لرزان ز باد غیر

وز ریختگی حس اعتقاد به خوشه ها

بهبود خواهم ترا

در مرز سوگواری و بیمناکی از خرف

زآن خوشرنگ گلی امید که غرق است در منجلاب

وز آن ریشه کهن که غریق در حس شرور

بهبود خواهم ترا

از محو اعتمادت در یک بنبست ذلیل

ز پنجه های زخمی ات مغروق در غصه ها

وز دانه های جوهرت پامال در اغتشاش

ای سرزمین من

بهبود خواهم ترا

۲۷   مادرم

گهری اشکت بنازم مادرم

آن قرمز فرش احساس رقیقت را

در پهن آرزوهای نیمه شب

و آن بنفشه رخسار غمینت را

که در میان خشکیده گلبرگ وجودت چه حزین خوابیده است

بنازم مادرم

لطف دستانت بنازم مادرم

آن همه خجسته گی اش را در افق نیمه روز

که ملکوتی ست و حس دارد برین

گیسوانت را بنازم مادرم

مخمل پیچیده گی اش را در آن خوشبافت عشق

و آن همه کمرنگی هایش

از برای غصه های دیرین

نگاهت را بنازم مادرم

حس تابندهگی و گرمی اش در ظلمات شب

و آن همه مهر روشنش

که است دلها را قرین

احساست را بنازم مادرم

آن خوش نغمه ی بدرودی خیالت را به گوش یأس و غم

و آن نفیس لفافه ی مهر که پوشانده

پرده ی دل نرمین

۲۸ نیما

با مهر تقدیم به نیما، آن مبدع و بنیانگذار شعر نو فارسی

بنازم آن زرین مهر نوینت را

که در آستان باغ سبزش

چه خوش کاشتی خوش عنبرین شعری نو را با شهامت

در روح جانسوز از تلخ غرین خستگی هایت

بشگفتی لاله های شاد رویا

و سراپاش را که قید آشیان زخم ز اندیشه های پار و دیرین بود

چه خوش رویاندی دانه ها زآن افکار نغز و نوینت

تو ای نیما

۲۹ وفای دل

اگر آن تُرک شیـرازی بدسـت آرد دل ما را

به خال هندویش بخشم سمرقند و بخارا را

(حافظ شیرازی)

ز بهری راحتش که عرضه دل آن حس مطبوع ست

ببخشم بوسه های نغز و ستره آن سراپا را

ز بلورین کاسه مهرم که گلگون با می خوشرنگ

بریزم قطره قرمز ز قلبم پهن یغما را

نه بیم از غیر کنم، نه ترس ز رذالت های دوران

بپیچم مست و فرحانش قعر سرد رؤیا را

وفای دل که مرهون بآن غمزه ی مهر راستینش

تا غنچه بشکفم از شوق دل خشکیده صحرا را

۳۰   آرمان

غمت را خوشه کنم با شهامت

و نثار آن گلستان ارزو

تا تخم آرزو بشکفند در گلبرگ های خفته در غم

و گلگونش با یک تازه آرمان بهشتی

۳۱ برچینم

در ستره فضای ز خیالت

پهن کردم سپید پیرهنم

تا به یاد خوش رویت آرزو چینم

باد خشک یاس پیچیدش سراپا

پا شدم با مهر

تا غصه ها برچینم

دستان حلقه شد در بند دلاویز حریر

تا نرمیانه ز امید

خوشه ها برچینم

پای غلتان شد رها در پی پروانه ی مست

تا با آن لمس حس اش

ذره از حست را چینم

لغز لغزان برمیدم در سراپرده ی شوق

تا که نور خوش

ز دلافروزی تن برچینم

این خیال مصفا را رنگ و رنگین خواهمش

تا ز یادی منفعلت

شادی ز دل برچینم

۳۲   تخیل

خوش دارم تا در صفای بیخودی

دیده ی مست شبانگاهی باشم

در سکوت و ظلمت خشکیده روح

خوش لغزان موج دریایی باشم

در خم حلقه ی از مستی و شور

و در ستیزه با خیال منفعل ات

مست آهوی صحرایی باشم

در سراپا جرقه ی از همدلی

و در سکوت مرز از قید و جنون

خوشنوا نغمه ی آزادی باشم

۳۳ مستی

پرده بردارم ز مستی ام چه خوش امشب

کآن ملیح زمزمه عشق را فضای دیگری ست

طرح پر شری نگاهت

و کلامت نرمین

مکدر آیینه رمز را یک صفای دیگری ست

در حریم عشق لغزم نرمیانه پر پر

بوسه های خوش رنگ را هوای دیگری ست

نرم بندم خوشه های مهر

به دستان وصال

و ستره خسبم چه رقیق در برگ سبزینه دل

کآن خیال نغز و والات را

بهاری دیگری ست

۳٤ چنان خواهمت

چنان خواهمت چون سبزه ی بهار که تشنه است به قطره ای

بال شکسته را پیوند ز عاطفه

گل بشکفته را نیاز به دست باد

آهو رمیده ی که نالان پی وقار

دست فتاده را نیازمند بخششی

و آغوش مهر را وعده ی گنج وصال

چنان خواهمت

۳۵ مترس

زآن نور خیره ای که منور با لطف عشق

زآن مظهر پروانه در یک شاخه زرین

ز کشمکش با اندیشه نهانی و اسیر

وز رخنه ی احساس گرم در سردی های دل

مترس

از سبزینه گهری میان شاخه درشت

از زشتی کبودی آسمان در بهاران

ز تلاطم عیش ات که موجش قصیر با غم

وز آن دم دمی شورت که نهفته ست میان دل

مترس

از صداقت بیان که زخم ها را مقدمی ست

زآن لرزش مطبوع و خوش بوسه ی وصال

ز اغراق خیالات و سردی های شب

وز سرنشیب ره به ارجاع کام دل

مترس

۳٦ هستی ام

بهار هستی ام را در میان ناله هایت دوست دارم

و اشکم را

که چون صدف احساست در سینه

حلقه می بندد

با ترنم

۳۷ ز چاک سینه داغیده آهی سرد بخیزد

ز چاک سینه داغیده آهی سرد بخیزد
گر از نسیم سحرگاهی بوی درد بخیزد

(صالحه وهاب واصل)

زین تلاطم چشمم گهری درد بخیزد

وآنگه ز شرارش شعله ی زرد بخیزد

ز پیکره ی تیره در اعماق نیمه شب

امواج فتانه اش پی نبرد بخیزد

ز این سرای ماتم و بحران آرزو

مستانه لمحه ی از میان گرد بخیزد

چشمان شوق ضریر سراپرده ی اغراض

خوش جرقه ی مستی ز لمس فرد بخیزد

صیاد دل غریق التماس به حسرتی

تا گلبانگ حیرتش که همچو رعد بخیزد

اسرار شبانگاهی ام زآن پرده ی امید

زین خلوت روحم با آهی سرد بخیزد

۳۸   به نثارت

خوشه ی مهر به نثارت بادا

عنبرینی ز خیال

قطره ای شهدی زلال

تپشی از دل و

ذره از اشک صفایم

به نثارت بادا

۳۹   آرزو

در آن بستر بیماری ات پیام می فرستم

به نرمی خیالات صبحگاهی

و چون رنگین آرزوی شبانگاهی

تا لبانت نیاز به قطره ی امید کند

و قلبت

تپشی از آرزو

۴۰   بنازم

دیده گان گرم و حلقات پر نم اش

لغزش مژگان و شور مطربش را

من بنازم در سراپرده از خیالات نغز

آن لبان و نزهتش

رنگ و بوی مستی با فرحتش را

من بنازم در سراپرده از خیالات نغز

دستان معجزش

گرمی لمس و

تکان هایم ز آن حس عریان تنش را

من بنازم در سراپرده از خیالات نغز

شگفتی مرامش

و قرمزین واژه ای از صدق دل و هستی در قلب بهارش را

من بنازم در سراپرده از خیالات نغز

٤١ جرعه

من جرعه نیستم که در وقت نیازت

رنگ گلگون مرا لمس کنی

وز آن قطره ی شهدم مزه ای

من لیوان محکمش هستم

صاف و با وقار

۴۲ یأس

در سفید مخمل نمای فرش برف

خنده ی کودک یک دهکده را دیدم سپید

نگه اش مست ز شادی و سرور

و صفای روحش رقصان با شور

گریه ی دوشیزه ای دیدم که موج قید روح

در سیاهچال یأس بود ز امید نالان

وآن خنک نعره ی یک مادری سرد

کآن خشکیده روح خسته اش بود

چه غمین و ناتوان

٤٣   غمین رخسار

آن غمین رخسار زردت

جلوه ی دارد ز پاییز حزین

رنگ بده زجرعه ی میگون گونه ها

خیز با تمکین در آستانه صلح

غصه بسپار بر باد صباح

و قطره ای از صبر بپاش

در تلخی های زندگی

تا اختران خفته در عمق الم بدرخشند

با روشنی ها

٤٤   انتظار

گفتی که بهار آید

ز چمنزار خاطرم

وز آن باغ آرزو

گلبرگ مهر بخشمت

هدیه ای

ز ساقه ی سبزین لاله ها رقم ز عشق

وز شبپره ی سرخ دلآویز فطرتم

بخشم تحفه ای

بگذشت بهار و غنچه ها را یخ بسته است

و من هنوز چه گرم

در حریر خاطرات به انتظار پیچیده ام

تا آن بهاری دیگر

٤٥   خندیدی، - استقبالیه از شعر «سیب»

تو با شوق خندیدی

من هم خندیدم

چون که می دانستم

تو آن سیب را

برایم دزدیدی

دستانت لرزید

چه خجل

یک نگاهی پرشرر

بر اندام و تن من ریختی

و دلم پرواز کرد در فضای معطر گل سپید

بازهم خندیدی

در گونه های ستره ام سرخی ز حیا را دیدی

تا باغبان نگاهی کرد بر من

دستانم لرزید

و سیب خوشرنگ عشق ز دستم

سفری کرد در فرش باغ

و سال هاست

در قعر اندوه شبم

سخت می اندیشم

که ای کاش ان باغچه همسایه ی مان سیب نداشت

٤٦ مرگ من روزی فرا خواهد رسید

مرگ من روزی فرا خواهد رسید

«فروغ فرخزاد»

درغبار تیره ای یک روز سرد

در سکوت مخملین غصه ها

و یا هم

در گوشه ای از دردها

مرگ من روزی فرا خواهد رسید

در کنار عشق مخمور با هوس

یا در لحظه ی از بیخودی

که روح ظلمت را دهد صدا

مرگ من روزی فرا خواهد رسید

در خلیج ستره با موج خروش

ویا هم در کلبه ی با فرش پاک پرنیان

رها بود از غوغا

٤٧ آرزو

سپید نقش دلم را

هدیه دادم به قرمز لعل خیالت

تا که رنگ بهاران

مستانه رقصد

با آرزوها

٤٨ بچین

در پرده های دلم

نقش ز رازهای دیرین

بیا با میمنت

دانه ای ز سِحر بچین

ز این شرار نگاهم که موج روح غلتان

وزین ضمیر خیالم با شوخی ها مستان

بیا به آن حلقه ی مستی

ذره ی حریر بچین

در این فضای مصفا که طعم عشق شهیر

و در سراپرده ی افکار که منزه ز شریر

بیا زآن ستره چکامه

دانه ی مهر بچین

غریق در حسرت بامدادم و سپیدی فرش

و در آن ورقه ی وصلت که گوهر ریز با عتیق

بیا ز شکفتی اش

دانه ی طهور بچین

٤٩ شبپره

دلواپسی که با قرارت به ستیز است

و چو شبپره ی از یک برگ به برگی نالان

آرام می خواهد

در هستی من

۵۰ خیال تو

آتشین جرقه ی وجودم را

نثار آن ابگینه ی رویا کردم به ذرات

تا که سردش سازم

با خیال تو

۵۱   غروب

غروب شب هایم که با حس تو فروغ می شود

و طلوع بامدادم

با لمس تو خورشید

۵۲ خواهانمت

ای وطن

در میان آتش بربادی ها

غنچه ی سبز و رسا خواهانمت

در خشکی ضمیر زندگی

شاخچه ی نغز و خُرم

و در غائر ریشه دورنگی ها

روضه ی پر از صفا خواهانمت

ز آن خروش ناله از خستگی ات

و در شرار قطحی یک آرزو

با تمکین و غرا خواهانمت

۵۳   نگاه

زآن قدسیه نگاهت ترنم بهار را چینم

و در اوراق نوازشت

بارانی ز رحمت را

٥٤ دخترک

دخترک با چشم گریان

و اندیشه هزار

مکث کرد

آرام گرفت

و بهترین ها را

رنگ زد در خیال

خنده ای از قعر دل با مادرش

رنگ دیوان اشعار پدرش

نغمات دلپذیر بامداد

در کنار مادربزرگ، همدمش

بازی ساده و پررنگ در خیال

با دو خواهر کوچکش

اشکش جاری

غرق در خاطرات

که دیگر گذشته را نیست تکرار

۵۵ اعتماد

گل یاسمن اعتمادم را آغوش دهم نرم

تا از دیده گان بی اعتبار ناآشنا

محفوظش بدارم در دل

٥٦ سال نو

سال نو را خوش گویم

ز بهری خاطرت

تا غصه هایت قطره قطره

و دردهایت به ذرات

محو آن ریشه شادان امیدهایت شوند

به ستره گی

۵۷   امید

در سیاهی چشمانت

طلوع فردا را دیدم چه کمرنگ

و در سپیدی هایش

گمشده ای امید دیروز را دیدم چه بیرنگ

بگشای آن افسرده دیده گان خسته ات را

به روی خورشید امروز

که تابانش کند با شوق

۵۸   خاطرات

زمستان را به یاد آورم

در خلوتگاه سرد افکارم

با ان همه گرمی هایش

و تابستان هایش را

از روزنه ی زرین خاطرات کودکی بنگرم

با سردی ها

۵۹   غصه

غصه هایت را به دست باد دهم

تا در سراسیمگی دشت غرور

بربادش دهد

٦٠ مهر خدا

مهر خدا را جویم

در خنده های شب

در خوش کلام نغز و صهبای ز یقین

در رقعه ی ز شادی نیلگون فرش فضا

و در عمق دیده گان آن کودک خوشبین

مهر خدا را جویم

در بوسه های ستره و گلگون مادرم

و در جلیل پرده های شام ز وصال

که غلتیده در صفای گلستان فطرتم

با یک شوق راستین

٦١ خسته ام

از گریه خسته ام

در پرده های افق احساس تیره ام

از رنگ ظالمانه ی دوران خسته ام

در قعر آن سکوت با از خود بودنم

از اختلال رنگ دورویان خسته ام

در کنج لبم که قطره ای شهدی ست

مرام عشق

از رخنه ی یک زهر جگرپاره خسته ام

در لابلای نرمی انگشت همتم

زآن سفت گوهری پر از حرمان خسته ام

٦٢ حیفم

حیفم که درنگاه هوسناک یک صیاد

حزین مرغکی از دیار صفا شوم

در ته ی آرزوهای بلید شبانگاه

یک چلچراغ

ز روزنه ی مهر و وفا شوم

آن دست التماس و حسم هیچ

و لیکن

در پرده های حسرتش خوش مدعا شوم

نه دل را یک صفا است و

نه از دیده التجاء

خوش طعمه ی لذیذ و

تن باسخا شوم

٦٣ شب یلدا

شب یلدا را خواهم من در میان خاطرات

تا که آن سوز و توانش

بهارانم کند

نور مهتاب نگاهش

خموش با حلقات

رقعه ی دل را پر از نور و

رخشانم کند

٦٤ می پسندم

رنگ خورشید بهاران در زمستان می پسندم
آن خوش سایه بید و
شادی بستان می پسندم
در قعر انقراض یک خشکیده روح سرد
خوشبویی یقین ز دبستان می پسندم
زآن آیینه ی نور که پرصفاست و مرمرین
یک رقعه ی نورش در شبستان می پسندم
زآن خاموش ذهن تنگ
که رکنی ست به نابودی
هیاهوی یک کودک مستان می پسندم
بگشا راهی فراخ در اندیشه های نغز
کآن پر جلال لمحه ای
رضوان می پسندم

٦٥ درخت تنها

ای سرد درخت زمستانی و تنها

کآن شاخه هایت بوی یأس دارند

و برگ هایت خجل زده اند از عشق گمشده ای بهاران

استوار باش عزیز

چون این فصل هم

در گذر است

٦٦ با تو بودن

دیروز یک خاطره است

فردا یک رازی خوش

لیکن امروز زیباست

با تو بودن

از چشمت مهر چیدن

لغزش گرم با حس یکدلی

در سکوت مستی ها

خندیدن

٦٧ وصال

غوطه در بحر وصال خواهم و مست درموج دل
تا که من گرم پیچم اش آن راز دل در خوشه ها
چشم بستم تا ببندم خاطرش در قعری دید
رنگ ها در صورتش لغزید
با زیبایی ها
دست بگشودم تا دستش را
پناهگاهی دهم
التماس گرم دستانش
بکرد یک غوغا
دانه های مهر چیدم یکایک با لطف نور
رنگ نور را بوسه ی داد و شرارت با نگاه
اختتام از شور خواهم در سراپای نیاز
تا شوم محو خیالاتش
با رنگینی ها

٦٨ دستم بگیر

دستم بگیر

و دستت بگیرم در شبانگه ی سرد

آنگهی که غروب رنگ می ریزد

در کبودی غم

٦٩ لبخند مادر

تا خندید مادرم

خورشید دمید در سردی نقش فطرتم

و بهار رُخنه کرد در بیرنگی یقین

که آری منم

آنچه بوده ام

۷۰   عشق

آه که عشق جوانه است

حس آزادی روح

خوش نشاط ترانه در سرخاب یک لاله ی دشت

طنین خنده ی مستانه است

آه که عشق لالایی است

نغمه ی سر مستی از خوش گلبانگ سحر

چهچه ی زآن مرغک دریایی است

آه که عشق جاذبه است

رنگ زیبای غروب در لابلای بوسه ها

و نور کمرنگ دو تن

که در میان شاخچه های از نیاز با التماس

آغشته است

۷۱   به نثارت

گلبرگی ز لبخندم نثارت

قطره شهد ناب کندوی شهاب

غلتان گُهر سپید

از موج دیده گان

و طرب انگیزی لمس خیالاتم نثارت

یک التماس عشق از شاخه ای مراد

خوشه های پاک روحم نثارت

ز آهو بره ی چابک قلب ستره ام

یک ذره گام سبکبال ز وقارش

نثارت

۷۲   سفر

سفر کردم در اوراق اصیلش

غوطه در واژگان مرمرینش

ز نظارت مظهر معنی و تقریر

در هر شعر پارچه ی سهل و شیرینش

سرانگشتم بلرزید نرم و فرحان

در سراپای شگفتی زرینش

گزیدم لب ز حیرت و تغافل

در قرمز رنگ ها نقش برینش

بگشت محظوظ قلب در ستره طرحی

لمیدم روح در بری شیرینش

سفر خواهم گاه گاه با اشتیاق

در بحر معجزه آسای وزینش

۷۳ هوس کردم

هوس کردم در خمپاره جوهری درشت افکارت

نرمین نقش های آرزو باشم

در لای شاخه سرخ تمنا

خوش رنگ و بو باشم

بپیچم فرحت مستی سراپای خیالت را

در خم خم حلقه ی سنبلی وقارت

شیفته گی آبرو باشم

نور مهر ریزم در پرده های ظلمات روحت

در نهانخانه ی ذلیل احساست

لمحه ای از شوق و شور باشم

٧٤ خوشبختی

خوشبختی را در شفافیت زلال باغ می جویم

در پرده های بستان گرم

در گلبرگ نسترن آرزو

در پرده صفای ابر فرحت

و در بلورین سپیدی های باران نرم

خوشبختی را می جویم

از لغزش انگشتم در تن پرستوی خموش

در مزین اوراق دیوان شعر

و در احساس گرم قصه ی روز

آری

خوشبختی را می جویم

۷۵ جامه ی زرین

جامه ی زرین تن آویختم در بند ناز

رنگ رنگ هایی خورشید بگسترُد

دامن راز

خمچه کردم خوشه هایش نرم با آرمان دل

کهکشان شوق را در بر کشیدم

از نیاز

سایه های نغز رویای شبانگاه وصال

لمس کرد امواج طوفان نیازم بی مثال

نور قرمزین تصویرهای رنگ اشتیاق

نرم پیچم اش سراپا

در خیالم از فراق

۷۶ دیارم که چه سرد

نور خورشید بهارش چه غمین

مهتابش چه خموش

وآن ستاره ی اقبال بلندش چه حزین

کودکانش تشنه ی مهرند و لطف بی ریا

مادرانش زخمی

دل مردان نیکویش

خفته در بین غم های لعین

دست خیر و صدقه و مهر و محبت، نارسا

خوشه های اشک خونین است

و قلب ها غمگین

راحتت خواهم و آرام ای دیار سرد من

نور عشق و مهر در تو بهترین

۷۷ عیدانه

عیدانه بخشم ز صفای دل من ترا

تا رخنه کند مهر دلآویزم سراپا

شهد اصیل مهر درونم چه پرشرر

ریزم ترا با قطرات الطاف سحرگاه

شربت ز غنچه های نفیس بهار دل

حریر لطیف نور

زآن دریچه وفا

بپیچم احساس عشق در لفافه امید

معطر با عنبرین تمنای دل ترا

لمس نازک ز پرنیان دل دهم خیال

تا که ببرم خفته روانت

به شگفتی ها

۷۸ قاصرم

قاصرم ز بهر آسایش روح خسته ات

و زآن پیوند ظرافت های دل

پرپر گلبرگ حسم را میان اشتیاق

چیدن دانه ی امید زفردای خُرم

برملای راز پنهان در آرامگه ی قلب

وز رموز اعتمادت

در نیمه شب های سرد خاطرات

آری، قاصرم

۷۹ احساسم

احساسم را لمس کن

پرده های ظریف درونی اش

آن قرمز رنگ روح نهفته

و کمرنگی های بیرونی اش را

بهارش را لمس کن

در لطافت سبزه های آرزو

و ارغوان های بشکفته ی شور

و زمستان احساسم را لمس کن

کآن غمزده روح کرختم

خفته است چه سخت

در ته ای بیرنگی های

سپیدش

۸۰ خشکیده

ترنم های آن تبسم شاد

قهقه ی غوغاگر آن خندهات

طرح فصیح کلام نغز تو

چه عمیق در میان غصه ها خشکیده اند

قطرات ستره و گرم نگه

رنگ های خوش حیرتبار عشق

و طراوت های ژرف دیده گان

چه عمیق در میان غصه ها خشکیده اند

ساقه ی سبز آن خیالات نغز

گلبرگ های نفیس اشتیاق

و آن خجسته شبنم چکیده ز مهر

چه عمیق در میان غصه ها خشکیده اند

آه که من سبزت خواهم و همیش در بهار

گرچه دانم که آن فرحت روح

چه عمیق در میان غصه ها خشکیده اند

۸۱   حزینم

حزینم ز اندیشه ی یک درد دلپذیر

ز حبس روح شاد من در قید ظلمات

ز اختلال عمق این افکار خسته ام

ز ترک خیالات دلانگیز بهاری

وز قحطی احساس خوشایند زندگی حزینم

قرینم

در لغزش این گام تنومند همتم

برای در بستن این دل محکم به روی غم

و لمیدن روحم در صفای آرزو

آری، قرینم

۸۲   آرام می خواهم

خسته ام

آرام می خواهم

ز شبانگاهم تا بامداد سرد

در اعماق سرد احساسات گرم

در پرنیان لفافه ی ز شوق و شور

آرام می خواهم

ز تکاپوهای نافرجام ذهن

وز جویای دل رخشان به مهر

در تلاش بندش سیلاب درد

وز پیوند شکستی های دل

خسته ام

آرام می خواهم

۸۳   دوست می دارم

شب را دوست می دارم

به یاد تو

و رنگینی اوراق تخیل را که آغوشم دهند با مهر

سحر را دوست می دارم

و نور مهرش را

در پنجره ی سرد خاطرم

و دست ناز صهبایش را دوست می دارم

به یاد تو

۸٤   دلواپسی

دلواپسی چه است؟

دلهره ای یا یک مژده ای از عشق آتشین

یک حس پر از غصه ی مادر در نیمه شب

یا شعله ی حزین ز تنهایی غمین

که می تپد چه مست

در حریم لطیف مغز

من خود به حیرتم از آن حس آشنا

مگر هنوز هم

می خواهمش از شوق

۸۵   برگ پاییزی

برگ پاییزی با سوگوار نگه ای

قلبش پررنج و بیمناک از سفر

زآن سفر اجباری گردش روزگار و فنا

بوسه ها زد بر شاخه ی سرد و آشنا

و دست لرزانش

چه محکم بر دستک باد

فرو ریخت به پایین

با صفا و تمکین

۸٦ سرور

نمکین آن نگه ای که برایم نور می آورد

قرارم را با نوازش های روحش شور می آورد

خجل نه،قصه ها دارم از قعر رنگین احساس

که به سبکبالی شبپره ای قرمز مرا

سرور می آورد

۸۷   آسمان رنگین

در آن مرز آشنا

مرغکانش بی پر اند

و آشیان زخمی

آسمانش گریه دارد از حس برهنه گی

و نهال بهارش شکوه دارد که چرا

تا بهاری دیگر یا در آستانه ی یک سال جدید

که باز هم شور زنند مرغکان

آری من هم آن خواهم

تا بهاری دیگر

که مرغکان را در چمن راهی باشد آشنا

و آسمانش رنگین

با پرها و رنگ ها

۸۸ پاییز

خشکم زده است

طنین مست روحم را

ارغوان سرد میان دیوان شعرم را

اشکم را در لابلای پرده های شب

و حسم را که چابک بود و جویاگر

نکند پاییز اینجاست

پاییز سرد افکارم

۸۹   احساس عشق

مادرش سرد و پریشان نگاه ای کرد از مهر

بپوشانیدش در لفافه ای حَسین وجود

و پسرک بود چه مدهوش در خواب عمیق

گرم و سراپایش پیچیده از نور

لیکن مادرش بلرزید سخت

نه ز سرمای جانسوز شب

لرزشی از گرمی

گرمی احساس عشق

آن عشقی که تابنده است با مهر

۹۰ سفره

در لفافه ای شبنم نگاهت

سفره خجسته ای دیروز را دیدم

از عقب آن باغچه نغز خاطرات

معطر و عزیز

۹۱   رؤیا

بپیچم روح تنهایم را

در غلیان پرده های شب تنهایت

تا چینم نور خاطرت را

دانه دانه

از برق شادی و مهر پرفروغ دیده گانت

ذره ذره

از دو دستت بچینم

حس شفق را لمحه لمحه

بپویم صاعد گرم نیازت

قطره قطره

در گرمی موج نفس هایت

وز آن صاعقه نوری از وصالت

خوشه های غرق در صفا را

بچینم

ورقه ورقه

۹۲   بوسه

از جعبه ای دل

شادی چیدم دانه دانه

تا بی آویزمش به گردن پرالتهاب باد

گردنبند

کمرنگی مه را حلقه ای زد

و آن لبانش را

بوسه ای ناب

۹۳   پرستو

پرستو ام سفر کرد

درخت سبز حریر غم را

با شوق غمگساری

نرم به تن کرد

۹٤ غصه ی دیروز

در انگشت نیازت

غصه های دیروز را دیدم به حلقات

رهایش کن

تا آزاد شوی

۹۵   بهاریه

بهار را لذتی ست چه باستانی

که غرق در قلب شادابش

زمرد گوهر شادان نهفته است از امیدها

بهار را کآن عطری ست از دیار گل

که بپاشد لعل تندیس و تفکر

در میان ذهن سردی ها

بهار را حیرتی ست از خشکی های سال

و جرأت

که ببارد نور خوشبختی

سرزمین سرد تنها را

با امیدها

۹٦   باری گران

پیر مرد با تنومندی غم

همتش والاتر از باری گران

مادر خشکیده لب، رکود به دل

عفتش والاتر از باری گران

پسرک با فهم، افاقه خمود

روحش والاتر از باری گران

دخترک غنوده با عجز در قفس

حس آزاده گیش

والاتر از باری گران

دهکده

ساکت و سرد و بی حجاب

لیکن عزتش

والاتر از باری گران

۹۷ — عهد کردم

عهد کردم که از برای دلت

شاخه ی مهر ز بستان خموش

آتش نغز افق های صفا

قطره ی شهد دلآویز وفا

مهر افشان نغمه ای

ز دیار سرسبز باوقارت باشم

عقد کردم تا بهاران است

گل سرخ آرزو را به نثار مقدمت

رنگ غصه ها را در کنار عشق

معطر

در پناهت باشم

قصد کردم تا غبار روزهای خسته ات

و حریر ظلمانی شب خاطره ها را

گل تقدیس محبت

ز باغ وفایت باشم

۹۸   هلهله

بهاران هلهله دارد چون خروش پاک احساس ات

پربرکت خواهمش و پرفیض با آزادی

۹۹   من زن ام

من زن ام

شاخه‌ی سبز غریزه میان آتشم

نعمتم

سبز گلدسته ز باغ پرنیان میان بنبست هوسم

شوقم

موج پر نغمه از صداقت و مهر

در لابلای لذتم

عشقم

شبپره از دیار حیرتم

دوستم

خوش بافت عاطفه از حریر سرمست فطرتم

مادرم

لطف و راستین در برم

کارگرم

بهر آسایش افکار خسته ات من یاورم

آری من زن ام

وز برای بودنش مفتخرم

۱۰۰   بهار امید

در دورنمای ملکوتی رؤیا

بهار امید را نگه کردم که شب های بی ستاره

گل می چیدم از بستان دلش

با سخاوت

۱۰۱ می رقصم

به یادت می رقصم

در دلم

هوشم

تنم

حسم

و با لبانم

به یاد تو میرقصم جاودانه

۱۰۲ هدیه

ای عزیزترین هدیه از باغ بهشتی

صدایت را دوست می دارم

که در موج پرتلاطم درد

صدایم میزند

دخترم بشتاب

۱۰۳   رسان

یا رب تو مرا به یار دمساز برسان

آوازه‌ی دردم به هم آواز رسان

آن کس که من از فراق او غمگینم

او را به من و مرا به او باز رسان

«ابوسعید ابوالخیر»

قطره ز لبم برچین و یک قطره ز اشک

در مقدم نورش ز دل آواز رسان

از بهر تکاپویش در بند وصال

شکرانه‌گی روحش دمساز رسان

مستانه برقص به یاد سبزینه خیال

نغمه‌ی معظمش با یک ساز رسان

در کنج شبستان دلم ناله‌ی مست

بلند بسرای، لطف خوش آواز رسان

از لمس مباهات تنش بوسه ی تر

آب و نمکش چو شیره ی ناز رسان

گر من بنالم ز عطش حالات رکین

وعظ کن ز دل و مهری سرافراز رسان

۱۰٤ بهار امید

تنم را رنگ دادم با خیال ات

سبز شد و بشکفت

روحم پرواز به سوی لانه ی خوش

دستم رقصید ز موج لمس روح ات

پایم لغزید به زیر غنچه ی شوق

گیسویم، تارتارش ناله ها ز بهر روی ات

و صدایم

سخت پیچید در گوش دل

که بهار است

امیدها هنوزهم بارور

۱۰۵   نقش آرزو

نگاهش را با نقش آرزوهایم مزین

خنده اش را شادی دل

نرمی روحش آراسته ی ذهن

و دستانش را

حلقه ی سرور می دانم

در بند زیب تقدیرم

۱۰٦ لغزش

لغزش گرمت را در دیار سرد دو دلی

شکفته کن

با آرمان یک دلی

لغزش قدامت را

پا برجا

لغزش کلامت را دریده از حریر سیاه بدبینی

لغزش صدایت را نرم در گوش معشوق

لغزش همتت را

مست با جام خوشبینی

لغزش سراپایت را فرحان در دیار عشق

لغزش صدایت را معطر با دست خیر

لغزش بختت را قوی با نور صاعقه

لغزش منفورت را محو در نور خوشنودی

و لغزش کامت را شیرین با شهد آزادی

۱۰۷ مرد

این بار می خواهم از مرد، جنسی که در گوشه ای با نارسای های فرهنگی، اجتماعی و ذهنی نادیده گرفته شده است و یا هم فقط جنس خشن و تندرو نامیده شده است، چند نکته ای بگویم. به عقیده من مردان هم مانند زنان احساسات را در سینه قید دارند. قلبی در گنجینه ی سینه که نوازش می طلبد و حرمت. به نظر من نباید فقط یک جنس را ستود. دید عادلانه با درک عمیق برای مان آشکار می سازد که مرد و زن با همه تفاوت ها، موجودات اجتماعی هستند با داشتن ادراک، احساسات، نیازمندی ها، تمایلات و آرزوهای همسان انسانی که فقط ای کاش همه با احترام و دوست داشتن همدیگر خانه و جامعه ی سالم و انسانی را آباد کنند.

۱۰۸ شاد باشید

با تعدادی از خانم های همدیار، ساعاتی را در یک محفل گذشتاندم که هم حظ بردم و هم مانند همیشه پرهای کنجکاوی ام در اطراف اتاق پهن شدند و هوشم سوی کمرنگی های احساس زنان به پرواز شد که اکثر شان را مزین یافتم با رنگ های اجباری زمان. با خود اندیشیدم که چرا باید احساس و تبسم را قید قاعده ی فردگرایی نماییم که نامش را گذاشته ایم، "سنگین بودن". چرا باید لذت بردن در جمع دوستان را با چشم حقارت بنگریم. خنده و شادی را برعکس رسوم اجتماعی حساب کنیم. و گفت و شنودها را خنک زده، تبسم ها را مصنوعی و احساسات را در چارچوکات فردباوری منجمد بسازیم؟ آیا زیبا نخواهد بود که با مهر زندگی نمود، با احساسات قلب ها را لمس کرد، با عطوفت همه را نگریست و با صداقت، پیگیر اصول واقعی انسانی بود با کمال انسانیت و مهربانی همراه؟

۱۰۹ نوروز

نوروز احساسم غوغا از مستی روح دارد در شفافیت زلال باران. نوروز دستانم شادابیت حس در شگفتگی گل ها. نوروز چشمانم بینایی با ترحم از جویبار آشنا و نوروز نیازم هلهله ی فرحان دارد با آمد آمد هوای ملایم بهار. پس نوروز من و از تو مبارک باد ای عزیز.

۱۱۰ حجله

در حجله عشق عریانی احساسم، نمناکی چشمم، لمس خیالم، خلوتگاه امیدم را می بینم برهنه، که هر خواستش خواست من، هر پیچ اش توان من، هر آهش قوت من، هر نگه اش جرقه ی هوس از من، هر لمسش درود بر من، هر لمحه اش خوشایند به من، هر نازش برومند در من، هر بوسه اش شگوفایی نیاز من و هر رقمش نیرومند با من. پس درود به عشق که نباید تاریکش دانست.

۱۱۱ امتداد

در امتداد این خط زرین

رنگ گلگون رؤیای دیگر را به تصویر می کشم

به شکوهمندی افق صبور

که پشت پنجره ای فردا

در انتظار یک طلوع دیگر است

با شفقت، پرنور

نقد ساختاری پرستوهای شهلا لطیفی
دکتر بیژن باران

مجموعه شعر، پرستوها، شهلا لطیفی، انتشارات فرهنگ، کابل، تیراژ ۱۰۰۰. نشر اولین کتاب شاعر هیجان آور است. مزین با مطلع شعر تاگور با تخالف آزادی/ خانواده: بگذار پرواز در آسمانها/ به جمع کردن بالها بر فراز آشیانه پایان یابد. بمعنای رجحان خانواده بر پرواز است. رئوس محتوای فهرست ۱۱۱ شعر در این کتاب صفحه ای بقرار زیرند: زن، فصول، عشق، تخیل، عاطفه، مراسم، خانواده.

نقد مجموعه شعر اول یک شاعر چالش خود را دارد. زیرا سبک هنوز تحکیم نشده؛ بقایای ادبیات مصروف شاعر در نوجوانی مانند شعر کلاسیک، شعر نیمایی، شعر نثری در مجموعه را می توان پی گرفت. در عین حال ۵ عامل صداقت، تخیل، عاطفه، بدعت، خلاقیت در مجموعه شعر نیز دیده می شوند. شاید از نظر پرورش استعداد شعری هر فرد دوره کودکی با شعر کلاسیک، نوجوانی با شعر نیمایی، میانسالی با شعر شاملویی آشنا می شود. شهلا زاده کابل با فرهنگ کلاسیک و مقیم فلوریدای مدرن خو گرفته. او در نوجوانی ۶ ماه در رادیو کابل اینترن/ کارآموز در برنامه سخن با اولیا بود. در ۲۰۱۳ با صدای روحنواز اشعار خود را با موسیقی دکلمه کرده در رادیو پگاه کانادا پخش می کند. او باپشتکار، باهوش، مدیر، برنامه ریز، وظیفه شناس، برونگرا، خلاق، باتخیل، خوش قریحه، مسلط به ۲ زبان است.

با مرور این عنوانها می توان طبیعت گرایی، تخیل، عاطفه، زن/ تو، خانواده، خاطرات، عشق، فصول، تنانگی، پرنده، آرزو را یافت. غالب شعرها کوتاه باندازه رباعی/ ۴پاره اند؛ لذا ساختار روایی/ تقویمی و چند پرسوناژ نداشته- لمحه ای از حس و حال فردی برای گذر زمان در قالب شعر تخیلی اند نه پردازش موضوع انشایی مانند برخی اشعار بلند اخوان از نوع کتیبه. شاعر انسانگرا سیمای معشوق را تخیلی تصویر پردازی و با آرزو می آمیزد. ولی چرا از عشق به او نمی گوید؟ علل روانی و اجتماعی این صداقت شاعر در بیان فانتزی و نبود عشق حقیقی قابل غور است. فهرست بقرار زیر است:

نیایش، پرستوها، شعر می شوم، نور امید، استقبال، شقایق، ای هم دیار من، تو، اشگ، گل سیب، بمان، آرزو، یاد می آرم، می ترسم، زن، قهرم، پرواز می کنم، کبوتر، تبسم، درخت تنها، تفکر، به ستایش زن، بنازمت، سراپای نفیست...، پدرم، سرزمین من، مادرم، نیما، وفای دل، آرمان، برچینم، تخیل، مستی، چنان خواهمت، مترس، هستیم، زین تلاطم چشمم...، به نثارت، آرزو، بنازم، جرعه، یاس، غمین رخسار، انتظار، خندیدی، در غبار...، آرزو، بچین، شهپره، خیال تو، غروب، خواهانمت، نگاه، دخترک، سال نو، امید، خاطرات، غصه، مهر خدا، خسته ام، حیفم، شب یلدا، می پسندم، درخت تنها، با تو بودن، وصال، دستم بگیر، لبخند مادر، عشق، به نثارت، سفر، هوس کردم، خوشبختی، جامه زرین، دیارم که چه سرد، عیدانه، قاصرم، احساسم، خشکیده، حزینم، آرام می خواهم، دوست می دارم، دلواپسی، برگ پاییزی، سرور، آسمان رنگین، پاییز، احساس عشق، سفره، رویا، بوسه، پرستو، غصه دیروز، بهاریه، بار گران، عهد کردم، هلهله، می یک زنم، بهار امید، می رقصم، هدیه، رسان، بهار امید، نقش آرزو، لغزش، امتداد، مرد، شاد باشید، نوروز، حجله.

در پایان کتاب ۴ قطعه نثر در باره نظرات اجتماعی و فرهنگی شاعر آمده. در مرد، شاعر مرد و زن را زیر انسان قرار داده؛ با تاکید برابری این ۲ جنس در

اجتماع می گوید: "مرد هم زیبا" ست "با داشتن ادراک، احساسات، نیازمندیها، تمایلات و آرزوهای همسان و انسانی. شاد باشید، شاعر از زن و مرد میخواهد که به احساس شان وفادار بوده؛ با "خنده و شادی و مهر از حضور همدیگر لذت ببرند. باید "با عطوفت نگریست، و هم با صداقت پیگیر اصول واقعی انسانی بود و انسانیت."

نوروز، تمثیلی است از "احساسم غوغا از مستی روح دارد، در شگفتگی گلها، نیازم هلهله فرحان از آمد آمد گرمیهای ملایم بهاران." حجله، نماد آستانه تنانگی است: "عشق عریان احساس، نمناکی چشم، لمس خیال، خلوتگاه امید برهنه با خواست، پیچش، آه، جرقه هوس، بوسه، ناز برومند/ که عشق را نباید تاریکش دانست." نقش آرزو، طرف در حجله اینگونه وصف می شود: "دستانش را/ حلقه سرور می دانم/ در بند زیب تقدیرم." این آلیاژ سنت تقدیر و مدرنیزم سرور در جامعه و فرهنگ گذاری را نشان می دهد. در خاور میانه بدون رابطه date نوجوانان- حجله بار غریزی، عاطفی، پیمانی، پذیرش تقدیری دارد. جایی است که آینده زوج کلید می خورد.

لغزش،عبارات تنانه با سنتی/ عرفانی چون دو ریسمان در هم پیچیده؛ چینش واژه ها در ۲ گروه زیر ردیف می شوند: "لغزش گرم، قدام بمعنی قدیمی و جلو، دریده، گوش معشوق، همتت، باده ی عزت، شهد، لغزش سراپا/ منفورت/ کامت، فرحان، خوشنودی، قوی با نور صاعقه." "کلامت، سرد ۲دلی، آرمان ۱دلی، دیار عشق، آزادی، خوشبینی، بختت، نشاط خیر، عزت." واژه های گروه نخست حسی اند؛ گروه دوم انتزاعی اند. در غزل سنتی جنسیت معشوق ابهام دارد؛ در اغلب شعرهای تغزلی پرستوها جنسیت مذکر و استعارات معشوق تصریح می شوند.

اگر بنا به تقویم نگارش شعرهای کتاب با تاریخ بودند؛ آنگاه تاریخ شعرها کلید پیگیری نقاد در مسیر ادبی شاعر از ۳ مرحله عروضی، نیمایی، شاملویی شعر او می شد. این دگردیسی را بخوبی در ۴ کتاب شعر فروغ فرخزاد از مثنوی و رباعی به شعر نیمایی و شاملویی می توان دید. ۵ عامل صداقت، تخیل، عاطفه، بدعت، خلاقیت را هم در شعرها می توان در ۲بعد سوسوری گزینش و چینش واژه ها، عبارات و استعارات نشان داد. افزودن لایه حسی تصویری/ صوتی بر کلام با آرایه های ادبی/ صناعات بلاغی انجام می شود. استعاره مانند داس ماه و مجاز مانند بال هواپیما و قافیه مانند همصدایی هجایی کلمات ۳ نمونه مهم از آرایه های ادبی اند.

شاعر با آوردن نقل قول از شاعران کلاسیک و نو نشان می دهد که سوای استعداد موسیقی و کلام خود در آثار فردوسی، حافظ، ابو سعید، نیما، فروغ مطالعه دارد. تقریظ کوتاه در آغاز کتاب آمده. کتاب به مادر و پدر اهدا شده؛ در مقدمه شاعر از علاقه خود به "نیایش، شگفتیها، پرنده ها/ پرستو و بهار در طبیعت با خلاقیتش" می گوید. در شعر او تاثیر شاعران طبیعتگرای رمانتیک مانند نیما، هنری ثارو ۱۸۱۷-۱۸۶۲ تنها/ ساده گرا، تاگور ۱۸۶۱-۱۹۴۱ انسانگرا، هاثورن ۱۸۰۴-۱۸۶۴ منزه طلب/ Puritan و شوریدگی حافظ و مولانا را می توان دید.

او با صداقت احساسات، خاطران، آمال خود را در کلماتی آهنگین، حسی ارایه می دهد. شعرش از دل برآمده، بر دل می نشیند. او تاثیرپذیر از خواندن کتب، دیدن فیلمها/ برنامه تلویزیون، شنیدن موسیقی است؛ در شعرش این ورودیهای کلامی، بصری، سمعی مغز را با خلاقیت باز می تاباند. در شعر اعتماد، تعهد خود را به هدفش موجز "در حریر یقین" مصممانه بیان می کند. حریر کمک مطبوعی به حسی کردن انتزاع یقین برای خواننده است. در امید، بخود وعده "خورشید تابان" را می دهد.

عهد کردم از "عقد، قصد، وفا، صفا" به طرف مقابل میگوید. راوی در تعهد خود از "شاخه، قطره، آتش، مهر، گلسرخ آرزو، رنگ زرد غصه ها، پناه، حریر ظلمانی شب خاطره ها، تقدیس محبت، باغ وفا" می گوید. نکته جالب ۲ استعاره "گل سرخ آرزو" برای هدفی دوردست و "گل تقدیس محبت" در زمان حال است. اولی اسم خاص و دومی گل یعنی اسم عام بکار رفته. آیا برای شاعر هدف مشخص تر است تا تعهد به محبت زمان حال؟ شعر با فعل زمان حال بصورت حدیث نفس آمده: "عهد کردم.."

در افغانستان ثنویت سرد/ گرم فصول بسیار شدید بوده؛ در فرهنگ، نقش گلبوته/ هندسی قالی و شعر با تخیلات ۲گانه ارایه می شوند. این ثنویت را در ۱۰۰ها موتیف می توان رصد کرد. دیارم که چه سرد و دوست می دارم این ثنویت را در ۲گانگی های زیر عیان می کنند: خورشید/ سرد، حزین/ مهر، تشنه/ لطف، مهر/ غصه، خشگیده/ سبزینه، بهار/ خشگیده، من/ تو، شب/ سحر، تخیل/ جسم پنجره سرد، نور/ باد صهبا.تخالفها هم فراوانند: دلواپسی/ قرار، نالان/ آرام ، جرقه/ آبگینه ، غروب/ فروغ ، خشک/ خرم.

ثنویت در موتیفهای کلامی مخالف، تصویرهای رنگین، استعارات چون ۲ ریسمان سفید/ سیاه در شعر دیده می شود. در فرهنگ ایرانی تغییر فصول رکنی از جشنهای گروهی و خانوادگی است. در ادبیات فارسی تغییر فصول، نیز خود هر فصل، خاطره/ آرزوی فصل گذشته/ آتی- منبع الهام بیرونی برای تغییر حال شاعر اند. بهاریه شعری پر از "زمرد امیدها از دیار گل/ که بپاشد لعل تندیس و تفکر/ در میان ذهن سردیها"ی دانه های گیاهی به سبز شدن، گل و میوه دادن "با امیدها" است. " ثنویت زمرد سبز/ لعل سرخ، تندیس/ تفکر، سردی گذشته/ گرمی بهار با استعارات ۲گانه نیز در این شعر جاسازی شده. هلهله، نیز بهار را با "برکت و فیض از آزادی" می خواهد.

برگ پاییزی، گذران زندگی در باد زمان "سوگوار، بیمناک، اجباری، بافنا، باتمکین" قلمداد شده. برای شاعر بهار و پاییز ثنویت شکوفانی شاد و غم باد را القا می کند. در پاییز، با "خشکم زده، اشکم، سر افکارم" خزان طبیعی درونی شده؛ عاطفه شاعر نسبت به نیستی برگها و وفور سرما ارایه می شود.

شاعر زن مظاهر سنن، آداب، رسوم را در شعرش جاسازی می کند. سفره یکی از وسایل خانه، مستطیل پارچه ای بین طباخی با رنگ، بو، نوع خوراک و دهان است. برای زن سفره نتیجه بازار رفتن، مدیریت مواد و هزینه، تهیه خوراک، چیدن باسلیقه، دیدن عزیزان بدور آن برای تناول و حیات، شستن ظروف، انداختن/ جمع کردن سفره می باشد. سفره در حافظه فرزند حلقه وصل به مادر است که در آن پدر غایب است. s og; در اینجا نگاه شاعر با خاطرات "معطر و عزیز" می آمیزد. او می گوید: ۶ عنصر حس، کراکتر، زمان، مکان، فهم، استعداد در سرایش شعر تاثیر دارند.

شاعر با عواطفش زندگی می کند؛ شعر می نویسد. لذا در هر مجموعه شعر می توان محرکات/ ایموسیونهای جهانشمول با بروز در چهره و تن مانند شادی، غم، اشمئزاز، شگفتی، ترس، تعجب/ سورپرایز شاعر را پی گرفت. حزینم ،علت غم را "حبس روح شاد من در قید ظلمت/ ز ترک خیالات دل انگیز بهاری/ در صفای آرزو" ارایه می دهد.

آرام می خواهم ، برای شاعر یک هدف در زندگی است که "پرنیان لفافه ی شوق و شور" طلب می شود. روشن است که درجامعه گذاری زن باید عواطف طبیعی و مدرن خود را تکه تکه ای، استعاری، باکنایه، سترگی ابراز کند. این عواطف عمیق زنانه در حجب بکلام تکلفی تبیین می یابند. از خلال اشعار، گاهی طرف عشق سترگی/ ابهام دارد- زیرا در جایی معشوق و در شعری دیگر

فرزند تلویح می شود. در مرد عشق تنانه و به انسان بسادگی تفکیک شده اند- مانند فروغ و شاملو.

شعر او مرور "خاطرات" است که سردی و گرمی را-هم در گذشته کودکی هم در زمان نوشتن این شعر در میانسالی- باهم دارد. ولی اشتراک سرد و گرم ظاهر امر است- در گذشته کودکی این امر فقط دمای محیط است؛ در حالیکه در غربت و تنهایی میانسالی این امر لحظات شاد و ناملایمات زندگی یعنی خوشی و مرارت است.

سرعت زمان در پیری آهسته با طمنینه گویی بیش از جوانی فرز با جویده گویی است. پیران از شتاب حس زمان می گویند. با فکر، مطالعه نشریات عملی، گفتگو با دیگران این نتیجه حاصل شد: چرا در نوجوانی گذشت زمان کشدار بود؛ در پیری زمان سریع می گذرد؟ جواب: فرد در ۲ دوره زندگیش ۲ نوع حافظه دارد. حافظه نوجوانی با انبار جزییات رویدادها و حافظه پیری با جهش از جزییات رویدادها.

گذشت زمان با ساعت، نوسانات اتمی، حرکت ظاهری خورشید ثابت است؛ حس زمان در جوانی کشدار با جزییات رویدادها و در پیری سریع با نوعی فراموشی جزییات رویدادها است. گذشت روزها با معدود جزییات در پیری سریعتر یا کم حادثه در خاطره حس می شود. شاید کوتاهی اشعار بخاطر برنامه روزانه بانوی خانه وقت طولانی برای پردازش ساختاری اشعار بلند نمی دهد.

ببخشم بوسه های نغز و ستره

من آن سراپا را

چرا نغز و ستره/ مخفی؟ آیا این اندیشه شاعر است یا شرح رویداد؟ شاعر دربند امور خانگی، با تخیل رویای عشق را مجسم می کند؛ ولی در عین حال در

"ستره" یا خفا از محیط خشن. ۲گانگی پندار و کردار یکی از مصائب پستویی پیشامدرن است که ۲رویی مردم را در جامعه گذاری دامن می زند. روبنای قبیلگی استوار بر آیه های ثابت ند. ابراهیم گلستان، اسرار گنج دره جنی، می گوید: ایمان را ارزانتر از عقیده می شود بدست آورد. ایمان آیه می خواهد، عقیده اندیشه.

آیا می توان از شعر به رویدادها و وضع فکری شاعر رخنه کرد؟ هنر تخیلی شعر با آرایه های ادبی مانند استعاره، مجاز، کنایه- لایه های غلیظ به معنا می دهند. ولی یک نقاد عمیق می تواند از چنبر کلمات، شاعر را شناسایی کند. او صفات ممیزه را از ادبیات و علوم انسانی برای واشکافی شعر بکار می برد.

چرخه زندگی زن از نوزادی، دوشیزگی، همسری، مادری با پندارهای تنانه در شعرها تصویر شده. راوی زن مادر هم هست. در شعر تبسم با مهر می گوید: تا آن کودک برهنه را من دادم آغوش/ حریر تبسم پوشاندش/ چه نرم. حس مادری از راوی به موجودات دیگر هم نشت کرد؛ حتی شاعر را مهربان می کند. او در شعر به ستایش زن ، از اسم، کلام، بیان، خیال، فکر، صفات، همت، عهد، قلب، قلم، بودن، وجود، بخشندگی، مهر، شادی و دیگر صفات زن نام می برد "تا جاودانه بماند این بهار." شاعر نوجوانی را بیاد می آورد: ای دوشیزه تنها در مرز سرد/ روحت چه سخت، بنازمت.

دخترک ، با اشک خود روزهای کنار خانواده را مرور کرده؛ افسوس می خورد: گذشته های گرم دیرین/ که دیگر نیست/ تکرار! خاطرات، نیز از جدایی دختر از خانواده و سفر به دنیای نو می گوید که برایش سختر از یک فرزند پسر در خانواده است؛ زیرا دختر حساس و عاطفی تر است. البته تنهایی در چرخه حیات با مراسم سال نو، شب یلدا، خاطرات خانه پدری را در خانه شوهر تیزتر می کند. با تولد فرزندان شاید این ملال دوری از اولیا تسکین یابد. البته چرخه حیات در

فرزند دختر با جشن مراسم ملی ادامه یافته؛ تکرار می شوند: با سال نو را مقدمش خوش گویم، چنین است که آداب و رسوم در نسلهای آتی ادامه می یابند.

در غزل راوی من عاشق ۲ نوع دیدگاه دارد: ۱-مستقیم با معشوق گفتگو می کند. گفتم ای سلطان خوبان رحم کن بر این غریب/ گفت در دنبال دل ره گم کند مسکین، غریب. حافظ در این غزل گفتم-گفت را برای مکالمه با یار بکار می برد. ۲- پشت سر معشوق صفحه می گذارد/ غیبت می کند. حافظ: زان یار دلنوازم شکریست با شکایت/ گر نکته دان عشقی بشنو تـو این حکایت.

نیما هر ۲ دیدگاه را بکار میبرد. افسانه: من بر آن موج آشفته دیدم/ یکه تازی سراسیمه. عاشق: اما.." در همین شعر نیما: من بر آن عاشقم که رونده ست. راوی زن زمانی از احساسات و محیط خود در جامعه پیشامدرن وحشت می کند. او ترجیع بند میترسم را تکرار می کند: می ترسم/ نه رحم و نه صداقت و نه راز مصون ز غیر/ از غرقآب حسم در شب تار/ می ترسم/ در انقلاب روح که بزرگ است ز شادیها../ در بیش و کم ز ستره گیی یک فضای عشق/ ز هلهله یک مرغ قهار...

شعر بخش مهمی از ادبیات تخیلی است. در شعر تخیل، شاعر خیالات خود را با خواننده در میان می گذارد: خوش دارم/ تا در صفای بیخودی/ دیده مست/ شبانگاهی باشم./ از قید و جنون/ خوش نغمه/ آزادی باشم. شاعر شعر را در سفر تمثیل می کند که معراج "معنی، تقریر، فرحان، تغافل، اشتیاق، معجزه آسا بحر وزینش" است.

از تلمیحات، ارجاعات، اشارات سوای ترکیبات زبان سنتی ادبی بر می آید: شاعر آثار کلاسیک و معاصر از جمله حافظ، ابو سعید الوالخیر، نیما، فروغ، صالحه وهاب را ملکه ذهن دارد که با استقبالی از صالحه در شعری در بحر عروضی با

زحافات ملیح می سراید. در آرزو ، از بیماری طرف، شاعر با امید دادن عیادت می کند. او بنازم را برای تشویق گاهی بکار می برد؛ این شجاعت شاعر را نشان می دهد. در شعر جرعه از حریم خود دفاع می کند: من منم. در ۲ شعر خندیدی و مرگ من روزی فرا خواهد رسید، فروغ فرخزاد را حس کرده؛ حال و هوای او را از زبان خود بیان می کند.

گاهی شاعر نجوا با خود دارد تا با یار. "سراشیب وجودت" ضمیر "ت" برای خود شاعر با روان "پاک و ساده غمین" است. غصه دیروز ، شاعر با خود نجوا می کند که حلقه بر انگشت را "رهایش کن/ تا آزاد گردی." این حلقه بردگی در جامعه مدرن با سلطه مذکر ناهنجار بوده؛ فروغ فرخزاد هم در دهه ۳۰ش آنرا حلقه بردگی می نامد. در شعر استقبال مثلث من-تو-آرمان در هم تنیده می شود: "طنین صدایت را/ آزادی روحم../ به اعتماد." همین موضوع در شعر شقایق، بصورت مثلث من-تو- خواهش موجز آمده؛ نیز در غصه. آیا واقعا فاصله ای بین این ۳ مقوله در عشق وجود دارد؟ آیا من- آیینه- آینده ۳ وجه دیگر این مثلث نیستند که در ۲ راس من-تو مشترکند؟ آیا عشق، خواهش، پیمان ساختن آینده باهم من-تو نیست؟

آن کس که من از فراق او غمگینم/ او را به من و مرا به او باز رسان. ابوسعید ابوالخیر ۴۴۰-۳۵۷ ق عارف کتیبه شعر رسان است. جنبه های زمینی عشق هم بدیع مطرح می شوند: "ملس مباهات تنش بوسه تر.. چو شیره ناز رسان/ گر من بنالم ز عطش حالات رکین/ .. مهر سرافراز رسان. در این شعر و چندتای دیگر قالب عروضی را بصورت پلگانی نیمایی نوشته شده.

راوی زن خانواده، زادگاه، منابع فرهنگی خود را درشعر می آورد: کتیبه/ استقبالیه حافظ آمده: تنت به ناز طبیبان نیازمند میاد. این شعر نیایش برای مهر دوست است؛ پدرم ، مادرم ، لبخند مادر، سرزمین من ، با آرزوی "بهبود

خواهم ترا." هدیه، با بدعت و سترگی نام پدر را نیاآورده؛ ولی در سطر آخر خواننده را ضربه فنی می کند: "صدایم می زند/ دخترم/ بشتاب." او جور زمانه را دور زمانه دانسته با صبوری شکایتی ندارد.

شاعر به میهن خونین در شعر ای هم دیار من، در این هنگامه خون و خطر نیایش می کند: "مصون خواهمت." او مادریست که نگران جوانان میهن در کارزار تخاصمات روزانه و زنان برای آزادیهای مدنی مدرن می باشد. پیران ویسه جوانان را مثله می کنند. در شعر بمان ، راوی به گذشته رو کرده؛ با مرور خاطرات کودکی، خانه پدری، احساسها و عواطف آن دوره با حس نوعدوستی رمانتیک و تصویر واقعگرا، ضمیر "ت" یا "ش" را برای زادگاه و ترکیب حزن "گریه ی دوشیزه ای" بکار می برد. آیا این نیایش با خود است- در باره خویش؟ به ابهام ضمیر "ت" توجه شود- آیا انعکاس خویشتن است با مونولوگ با خود/ خدا یا فرد دیگری در نیایش؟ آسمان رنگین میهن به استعاره "آن مرز آشنا" با تصاویر "زخمی، گریه، بی پر" و آرزوی بهبود اوضاع با آمدن "بهار" تداعی شده.

شاعر نیاز به تغذیه فرهنگی از منابع محلی، منطقه ای، جهانی دارد. این تغذیه استعداد کلامی او را رشد می دهد. این منابع بقرار زیرند: کتب کلاسیک، حافظه پیران خانواده، فیلمهای غربی، رادیو با برنامه های ادبی-نمایشی- موسیقی، موسیقی مدرن، مجلات ادبی-هنری، حضور در سخنرانی/ همایش/ مصاحبت با فرهیختگان، وصل به اینترنت.

شاعر در نوجوانی شماره های گذشته مجله سخن، در باره ادبیات و هنر، نشر تهران دهه های ۴۰ و ۵۰ش، را در کابل می خواند. در این نشریه شعر، داستان، ترجمه از مولفان ایرانی و غربی مرتب درج شده؛ نبض ادبیات تهران برای نخبگان با روادید دولتی بود که به کابل هم بدست فرهیختگان میرسید.

در شعر نیما، بنیانگذار شعرنو فارسی را می ستاید: چه خوش رویاندی دانه ها/ ز آن افکار نغز و نو/ تو نیما. بار گران، تصویری از یک دهکده با یک خانواده شامل "پیرمرد با تنومندی غم/ مادری .. با عفتش/ پسرک بافهم/ دخترک غنوده با عجز در قفس/ حس آزاده گیش/ والاتر از بار گران" داده می شود.

تم شعر زن افغان برونمرزی عمدتا عشق تجریدی و تنهایی است. ولی در شعر شهلا خاطرات، آمال، امید با تصاویر، استعارات، مجاز- آهنگین در هم می آمیزند. شعر انتظار و آرزو، نمونه های لطافت روح اوست. کلمات چون پاهای موزون در رقص حرکتی مطبوع با وزن، آوای موسیقیایی، حس دلنشینی دارند.

نقد زبان شعری پرستوهای شهلا لطیفی
دکتر بیژن باران

گفتم که بر خیالت راه نظر ببندم.

گفتا که شب رو است این، از راه دیگر آید.

حافظ

مجموعه شعر، پرستوها، شهلا لطیفی، انتشارات فرهنگ، کابل، ۱۳۹۲، شمارگان ۱۰۰۰. نشر اولین کتاب شاعر هیجان آور است. مزین با مطلع شعر تاگور با تخالف آزادی/ خانواده: بگذار پرواز در آسمانها/ به جمع کردن بالها بر فراز آشیانه پایان یابد. بمعنای رجحان قید خانواده بر رهایی پرواز است. فهرست ۱۱۱ شعر این کتاب رئوس زیر را دربر می گیرد: زن، فصول، عشق، تخیل، عاطفه، مراسم، خانواده. زبان و استعارات این مجموعه شعر، بررسی می شوند.

نقاد از خواندن کتاب پرستوها از احاطه به دانش وسیع لغتی شاعر حظ وافر برد. برخی لغات مانند ضریر، سترگی در فرس برای معنی چک شده؛ کتاب آموزنده بود. نقد کتاب شعر اول یک شاعر بااستعداد و باصداقت چالش خود را دارد. زیرا این کتاب چون فوران آتشفشان دماوند است مملو از: منابع کلاسیک، آثار غربی، تجربیات ادبی شخصی، خلاقیت و تخیل، صداقت و احساس یک زن افغان پیشامدرن در قاره نو مدرن، ۳ زبان گویش مادری، زبان ادبی دانشگاهی، زبان غربی محل اقامت. این عناصر مختلف ابعاد معادله نقد کتاب را چالشی می کنند.

بهرتقدیر جهان ادبی فارسی و انگلیسی منتظر آثار ادبی آینده شاعر بااحساس و باصداقت برای نورافشانی دید زنانه در فرهنگ مذکر خاورمیانه می باشد.

شعر ۲ روند تخیل مغزی و بیان زبانی است. بیان زبانی دربرگیرنده گزینش لغات و چینش دستوری/ عاطفی کلمات در سطرهای یک شعر است. در بیان، نوسان بین گویش محلی/ کودکی و زبان ادبی/ تحصیلی با تداخل عواطف، تخیل، خلاقیت- زبان عمومی را فردی می کند. لذا از یک زبان مشترک در طول تاریخ ادبی ۱۰۰۰ها شاعر، زبان مختص خود را مستند می کنند. روشن است که از زبان مختص نه رئوس کلی بلکه جزییات زبانی مورد نظر است- خصیصه های فردی در فردوسی، حافظ، شاملو، فروغ در زبان مشترک فارسی.

اشعار این مجموعه عمدتا لیریک/ تغزلی اند که با مصالح واژگانی و استعاره سنتی مذکر ولی با تخیل و خلاقیت زنانه در بیانی بشدت مونث در اکثر ۱۱۱ شعر می توان ردیابی کرد. البته طبیعت پردازی، توصیف محیط خانوادگی، علایق ساده انسانی مانند غذا، مسکن، پوشاک، فرزند، اولیاء، گربه خانگی را نیز می توان رصد کرد.

زبان شعری قالب/ فرم هم نامیده شده؛ چنیش واژه ها برای بیان تخیل می باشد. تخیل می تواند بر اساس احساس، عواطف، واقعیت، خاطره، امپرسیون باشد. روشن است که ترکیب کلمات در شعر از اصول زیبایی شناسی پیروی می کند. گاهی منطق، دستور زبان، خلاقیت/ بداعت، عقل سلیم الویت دارند. در بیان انتزاعی- کیفیتها، مفاهیم، تجریدات جدا از شئی بکار می روند. بدیع مشتمل بر آرایه های ادبی یا لفظی برای تناسب آوایی یا معنوی برای تناسب معنای اند. لفظی شامل واج آرایی، سجع، ترصیع، جناس، اشتقاق است. معنوی مراعات نظیر، تناقض، عکس، تلمیح، تضمین، اغراق، حسن تعلیل، ارسال المثل،

تمثیل، ایهام است. می توان در مجموعه شعر پرستوها نمونه های آرایه های ادبی را ارایه داد.

آیا می توان این کتاب شعر یک شاعر زن افغان ساکن فلوریدا را در وجوه شاکله خلاقیت و تخیل شاعر، احساس و آرزو زن، فرهنگ و زبان افغان، مدنیت مدرن فلوریدا واشکافی کرد؟ تا خصیصه های شاعر زن با ۲ فرهنگ مدرن قاره نو و پیشامدرن خاورمیانه را از شعرش بیرون کشید. تا روند تکاملی مدرنیزم در خاور میانه را تبیین کرد.

برخی مقوله ها مانند رقص معنای متفاوت در این ۲ فرهنگ دارند. رقص زن در خاور میانه در مجالس زنانه سرور برای هنرنمایی و شادی جشن جنسیتی است. رقص زن در قاره نو یک ورزش عمومی، هنر پویا، شوق اجتماعی است که در نهادهای آموزشی، تجاری، ورزشی، رقابتی نهادینه شده – زیرا در شهرهای مدرن رقص یک نیاز دوندگی موزون سالم جسمی و روحی برای زیست رسوبی/ نشستنی شهری است.

در کتاب شاعر زن ۳ روند اجتماعی زنان خاور میانه را می توان پی گرفت: ۱- اثر فرهنگ پیشامدرن خاور میانه بر کودکی و مدرن آمریکا بر میانسالی و نظارت هوشمند او بر پرورش فرزندانش در فرهنگ مدرن در تقابل با خاطرات کودکی زن در جامعه پیشامدرن. ۲- اثر جنسیت بر ذهن و زبان خلاق شاعر زن زیر سلطه ادبیات مذکر ۱۰۰۰ ساله و تخیلات آزاد زن در جامعه مدرن با رسانه های بصری-سمعی-وبی. ۳- اثر مدرنیزم با افسردگی، اضطراب، استرس بر زن و قوانین مدرن در حمایت حقوق مدنی خانواده او زیر سلطه فرهنگ خشن قبیلوی مرد.

در فرهنگ و ادبیات آرایه های ادبی، ذهن و زبان، استعارات و ایهامگویی، دیدگاه تحت تاثیر فرهنگ حاکم بوده؛ دارای جنسیت اند که بخشهایی مشترک بین ۲ جنس دارند. آرایه های ادبی ثابت نبوده؛ بنا به شرایط اجتماعی و خلاقیت شاعر سیالند.

در ادبیات مذکر خاور میانه غالب مقولات فرهنگی حتی افعال تنانگی با پیشفرض سلطه مذکر جایی برای حضور زن نمی گذارد. مثلا دستور زبان مرد را فاعل، درکنترل، فعال با کردن و زن را شیئی مفعول مغلوب دادن در امور تنانگی قرار می دهد. در فرهنگ مدرن این دستور زبان مذکر باید به روز شود- افعال رابطه ۲ همباز و مساوی را بیان کنند.

لذا با مطالعه ادبیات زن خاور میانه می توان به تاریخچه و ضمیر نیمی از جمعیت هر کشور پی برد. با واشکافی اشعار فروغ، زیبا کرباسی، پگاه احمدی، ناهید زرشگی، الهه رهرونیا، ۳ شاعر زن دیگر- نقاد متوجه تفاوتهای جنسیتی در استعاره، مجاز، تشبیه، دیگر آرایه های ادبی شد.

ادبیات مذکر مانند هدایت یا اخوان و ادبیات مونث مانند سیمین دانشور و فروغ را باید باهم قیاس کرد. . آرایه های ادبی شاعران مذکر معاصر هم عمدتا تلطیف شده به آرایه های ادبی شاعران زن میل می کنند؛ از آرایه های مذکر سنتی قبیلگی فاصله می گیرند. روشن است که در جامعه پیشامدرن و گذاری زن مقید و تحت تکفل مرد , پدر، شوهر، قیم- است؛ لذا حالت مفعولی دارد.

بهرجهت در نقد ادبی فارسی در آینده استعارت و مجاز به ۲ بخش جهانشمول مشترک بین ادبیات زن و مرد و جنسیتی زن و جنسیتی مرد تفکیک خواهند شد. در یک دوره از چرخه تولید شعر شاعر زن استعارات مذکر را بکار می برد. پروین اعتصامی نمونه ارزنده کاربردی بازتولید آرایه های ادبی مذکر در شعر یک زن است.

فروغ در ۳ دوره کلاسیک عروضی، نیمایی، نثری هجایی استعارات و مجاز زنانه بکار برد. البته در جامعه گذاری از پیشامدرن به مدرن مرزها و کارکردهای آرایه های ادبی سیال‌ترند. آرایه های ادبی شاعر زن در مقابل ممیزی دولتی/ دینی و فشار خانوادگی/ اجتماعی/ رسومی دارای ۲ لایه استتاری می باشد که ظرافت شعر او را از مرد بیشتر می کند.

بلیه مدرنیزم با گسترش اضطراب، افسردگی، استرس در ۱۰٪ جمعیت شهری تبیین شده. بدلایل فرهنگ پیشامدرن این عارضه ها در زنان و نوباوگان بیشتر از مردان است. شاعر دلواپسی را برای خود با "مژده ای ز عشق آتشین، حس پر از غصه ی مادر در نیمه شب، تنهایی و غم، در حریم لطیف مغز خواهمش ز شوق" بر می شمرد.

در ۲ فرهنگ قبیلگی و مدرن رابطه زن و مرد تفاوت دارد. در جامعه پیشامدرن رابطه برای ازدواج است؛ در جامعه مدرن برای عشق و رشد اجتماعی هر دو. باید توجه داشت یک زوج در جامعه و فرهنگ مدرن نبوده؛ از جامعه گذاری با بقایای رسوم قبیلگی آمده در شهری مدرن سکنی کرده. زن با هوش، با احساس، با دانش مدرن در دام شوهر با فرهنگ قبیله ای و فشار عاطفی اقوام و اولیا در اسارت است.

لذا تناقض‌نما/ پارادوکس "بیناست اما ضریر" وابستگی زن را به مرد مانند نابینا به عصا در جامعه گذاری می رساند. واژه مهجور ضریر سوای ضرورت قافیه برای گسترش معنی از به ظاهر بینا ولی وابسته، آمده. پارادوکس دیگر در قهرم, آمده: از واژه های گرم که چه سرد اند در یقین. در این سطر فکر خالی از یقین/ سرد و بیان خشن/ تند یا کتک در بگومگوی خانوادگی تفکیک شده. شاعر متعهد، ضم‌ختگویی/ پرخاش مرد سلطه گر را خالی و سرد از منطق می بیند.

آیا شاعر زن در ثقل تجربه گذشته و رسومات رایج، عواطف را در شعرش تنظیم می کند؛ یا در جذبه لحظه امروزین زندگیش، رها از گذشته، واژه ها را می گزیند؟ دوره ای در زندگی شاعر میرسد که بلوغ هنری او جهشی انقلابی در شعرش پدید می آورد. او دیگر مانند پروین اعتصامی در ۴ چوب و پیوستگی با سنت شعر خود را نمی گنجاند. در این لحظه او با گسست از گذشته "تولدی دیگر" می یابد. چنانکه فروغ در آغاز دهه ۴۰ ش پس از سفر اروپا/ مونیخ و آشنایی با ادبیات عدالتخواهانه و کنشگری حقوق مدنی ۲ برادرش فریدون و امیر به این مرحله از بلوغ هنری رسید.

در شعر شهلا صمیمیت، عاطفه، خلاقیت، بدعت از فشار ممیزی اجتماعی، قبیلگی بر شاعر زن با صداقت بخوبی بیرون می زنند. نکته مهم استواری و تمرکز در قرابت معنایی همه سطرها می باشد. صداقت شاعر چون نخی از میان تسبیح/ چینش واژه ها می گذرد. باید بحث ۲ محور قائم گزینش و افقی چینش کلمات سوسور، زبانشناس سوییسی، را مد نظر داشت. شاعر زن حساسیت بیشتر از مرد به رنگ، بو، مزه، گل دارد. او با لاپوشانی حقیقت understatement گلایه ملیح عدم برابری را در سطر پایانی "ثبت در جریده عالم" می کند: ضمیر ستره زن را هم یک دلی ست. شعر مندرج در فیسبوک زیر مانند یک ساختار دلپذیر متشکل از سازه های جزیی شکیل معماری شده:

یاسمن بو ام در بزم خیال

خوش فام نسترن در بند فکر

گل سرخ هوسم در دست شوق

ماهء خندان و نهان در خاطره

لیکن

ای جام هوس در لب نوش

این ضمیر ستره را هم یک دلیست

شعر هنر تخیلی کلامی است. آیا تخیل منطقی/ عقل سلیم باید باشد؟ هر جمله صحیح دستوری می تواند معنی دار و بیمعنی باشد. نمونه بیمعنی: صدای لوبیا زیبا بود. نمونه معنی دار که اوج تخیل کلامی است: "گل سرخ هوسم در دست شوق." این استعاره بدیع به کوتاهتری عمر جزء گل هوس از کل دست نویسا اشاره کند. سعدی هم همین مضمون را پرورده: گل اگر ۵ روز و ۶ باشد./ این گلستان همیشه خوش باشد.

این خلاقیت است که زبان را گسترش می دهد. نمونه شعر نیایش با مطلع "درد را دیدم.." شاعر خلاق "درد کشیدن" متعارف را بکار نبرده؛ در سطرهای بعدی درد را دیدنی/ بصری می کند با صفات "رنگین، ارغوان رنگش، تیره.." درد مانند کبودی پوست رویت پذیر می شود. آیا درد بصری بر پوست بخاطر خشونت در خانواده پیشامدرن است؟ ترکیب درد کشیدن را به "درد دیدن" اعتلا می دهد؛ شاید در القای ترکیب "صدمه دیدن" حس درد دیدنی شده. قیاس اندازه ۲ شیئی کوچک و کهکشانی در شعر ص ۲ با "پرستو رنگین" و "تنومندی آسمان عریض" آمده. هر کدام در خود و به تنهایی، خواننده را از قیاس محروم کرده؛ ولی باهم مقایسه امکان پذیر می شود- مانند فنجان و فیل.

حافظه زبانی نوجوانی در کابل برای بیان مرور خاطرات نوجوانی/ کودکی و تخیلات میانسالی در غرب بکار رفته. کلام سنتی از بداعت تصویری نمی کاهد؛ بلکه با کاربرد لغات آشنا برای خواننده، شاعر به تصویرگری وضع شاعر سده ۲۱می می پردازد. البته او می تواند واژه های رایج کنونی را برای بیان تخیلات خود بکار برد. یک دلیل شاید زبان فارسی شعر در رابطه با گویش مادری و زبان ادبی نوجوانی باشد.

گزینه کلام سنتی در حریم انتخاب واژه ها شاید نوع عواطف جهانشمول و بیزمان مانند عشق، فطرت، مستی، شب را با "فطرت متین" تجربه مشخص شاعر سده ۲۱م عیان می کند. به لسان نرودا: عشق چه کوتاه است، فراموشی چه بلند. در این مجموعه واژه ها از ادبیات کلاسیک فارسی گزیده شده اند؛ از واژه های مدرن مانند ماشین، موتور، اتوبوس، تلفن، سینما، أسپرین خبری نیست. آیا محتوای کلامی مربوط به کودکی و نوجوانی شاعر در کابل است که بر واژه های مدرن در فلوریدا راه را به شعر می بندد؟

گویا در گویش کابلی بین اسم عام و از/ ز کسره می آید؛ در زبان فارسی ادبی این کسره رسم نبوده، سکون می آید. ولی شاعر کسره را برای "ی" وحدت یا نکره که در رسم الخط مرسوم ی است، بکار برده. برای ترکیب لفظی اسم عام و واحد بودن آن با واژه بعدی بجای "ی" کسره بکار رفته. نمونه: فرش ی ز بستان، گیسوات، پیچش ی از باغ نیاز، طاهری از ستره گی ها، فصل ی ز امید.

در فارسی ادبی، همه کسره ها "ی" معنی می دهند؛ ولی می توانند برای اسم عام سکون باشند؛ نمونه: فرش ز بستان- که پس از فرش مکث یا سکون می آید؛ یا فرشی ز بستان بمعنی یک فرش از بستان. نکته دیگر آهنگ سطر در ذهن شاعر بر دستور زبان مرسوم می چربد. لذا او بخاطر ارکان بحور عروضی سنتی "از" را به "ز" تقلیل بصری داده؛ تا با رکن موسیقیایی سطر محرمیت صدایی یابد.

شب یلدا شب تشخص Personification یافته، ضمیر "ش" برای "نور مهتاب نگاهش" به این شب بر می گردد. شاعر موضوع را با احساس خود آمیخته تا یک موضوع ثالث درونی شده؛ برای خواننده جنبه شخصی بگیرد نه عینی. تشخص انسانوارگی جماد را حس پذیر می کند؛ صداقت شاعر را به خواننده ترابری می کند.

در زبان گاهی واژه های مهجور بخاطر آوای همگنی یا طنین گوشنواز می آیند. فاکنر شاعر و نویسنده در واژه‌های انتخابی ۱۹۴۷ توصیه می کند: در گرماگرم نوشتن هر واژه باید واژه‌هایی اضافه بر آن را هم در نظر داشته باشید. وقتی دوباره روی آن کار کردید؛ دیدید آن واژه هنوز طنین درستی به گوشتان می‌رساند، بگذارید سر جایش باقی بماند.

آیا پایان شعر پیش بینی پذیر است؛ یا در روند تحریر شکل می یابد؟ حرف فاکنر را می شود به شعر تعمیم داد. شاعر با الهام/ انگیزه شعری را آغاز می کند. در روال تحریر آن ساختار و پایانبندی پدیدار می شوند. از او پرسیده می شود: تا پیش از آغاز نوشتن هر کتابتان تا چه حد درباره شکل نهایی آن آگاهی دارید؟ پاسخ می دهد: بسیار اندک. کاراکتر به همراه کتاب گسترش می‌یابد و کتاب با نوشتنش.

http://www.etemaad.ir/Released/92-05-02/297.htm

چرا در یک شعر سطرهای بصری جمله ای یا عبارتی اند؟ یک شعر ردیف قائم سطرها از نوع عبارت یا جمله است. پس هر سطر شعر می تواند یک جمله با فعل یا عبارتی بی فعل باشد. عبارت چینش چند واژه بی فعل بوده که تعلیق زمانی، القای ابدی، فکر تکه ای، امپرسیون لحظه ای را تلویح می کند. گاهی عبارت تکه ای از جمله تقطیع شده با فعل غایب یا حذفی در قائم صفحه هم می تواند باشد.

جمله فعل دار ساختار کامل دستوری بیان فکر بوده که زمان جمله را به گذشته، حال، آینده محدود می کند. شاعر در ۲ محور قائم گزینش واژه ها و افقی چینش واژه ها فکر را بیان می کند. پس جمله تقاطع طول و عرض در محور مختصات جانشینی و همنشینی سوسور است. نمونه: چنان خواهمت، تمام سطرها بیفعل در تعلیق زمانی اند؛ جز عنوان و تکرار آن در پایان جمله که

فعل دارند. چرا؟ در سطرهای این شعر گرچه برخی با فعل وصفی آغاز می شوند ولی عبارتها در سطرها بیفعل اند:

۱چنان خواهمت

۲چون سبزهء بهار که تشنه به قطره ای

۳بال شکسته را پیوند ز عاطفه

۴گل بشگفته را

۵نیاز به دهان باد

۶آهوی رمیدهء که نالان پی وقار

۷دست فتاده را نیازمند بخشش ای

۸ آغوش مهر را

۹ وعدهء گنج وصال

۱۰چنان خواهمت

در سطر ۴ "گل بشگفته" می تواند بشکفته هم باشد. این ۲ معنا ایهام در شعر را دامن می زنند. شگفتن یعنی تعجب و شکفتن یعنی باز شدن را فروغ فرخزاد در شعر زیر بکار برده: به سحر گاه شگفتن ها و رستن های ابدی خواهد برد.

راوی غیرمن/ سوم شخص مفرد مانند روزنامه نگار بدون کاربرد ضمایر "من، م" و کاربرد ضمیر "او، ش" در این شعر جنبه عینی یک تابلوی زیبای طبیعی را به خواننده القا می کند. راوی بدون تداخل "من، م" در شعر صحنه را برای خواننده دل انگیز تجسم می کند. این نوع شعر گذار از حدیث نفس، شرح حال،

بیوگرافیک من-مرکز به شعر با راوی کلان مانند داستانهای دکتر ژیواگو، آناکارنینا، مادام بواری، جنگ وصلح، برباد رفته است. در ایماژها مهر و ملاحت به دل خواننده می نشینند.

مست رقصد در پی جفت ی دلش

نرم و خیزان

با آرمان, با هوش

دست جفتش با ملاحت روح

و چه خندان با امیدش

در می رقصم، راوی از سماع "دل، هوش، تن، حس، لبان بیاد تو جاودانه می رقصد" در تنهایی و خلوت می گوید. راوی اشعار اول شخص مفرد، من، بوده؛ پس شعر حدیث نفس/ آتوبیوگرافیک اند. من یک زنم ، شرح حال شاعر است که موجز با اسمها و صفات زیر ترسیم شده: "غریزه، نعمت، شوق، صداقت، مهر، هوس، لذت، عشق، شهپره، حیرت، دوست، عاطفه، فطرت، مادر، لطف، کارگر، یاور، وز برای بودنش مفتخرم."

قالب. ظاهر بصری اکثر اشعار پلکانی بسبک شعر نو است؛ بندرت نردبانی بسبک قدیم. شعرها اغلب نیمی از صفحه بیشتر نیستند. قافیه تا حدود زیادی بکار رفته؛ نیز نوعی کلمات موزون هم در سطرهای شعر جاسازی می شوند. اشعار این مجموعه در کل از موسیقی غنی برخوردارند. اشعار کلاسیک چون مولانا و حافظ در حافظه قوی شاعر، شعر او را از ملودی موثری و برخی لغات عرفانی برخوردار می کنند. برخی واژه های عرفانی هم در شعر او ظاهر می شوند: حلقه مستی، وصل، عشق، خیال.

باید وزن، جناس لفظی، قافیه، آواها واشکافی شوند تا دید آیا شعر او عروضی است با زحافات یا هجایی ملودیک با ترکیبات تغزلی از نوع شعر سپید شاملو؟ پاسخ را با تقطیع هجایی می توان یافت. تقطیع عنوان شعر چنان خواهمت = چ/ نان/ خوا/ ه/ مت = - ل ل - /ل = مفتعلن/ ف. با تقطیع کل شعر می توان هجایی بودن شعر را نشان داد؛ در تقابل به ارکان عروضی.

تاثیر تلویزیون و فیلم در قالب شعری بصورت نماهای حسی و سطرهای کوتاه دیده می شوند. هر شعر یک نمای کوتاه پویا از سکانس فیلم فکری شاعر است. کلمات انتزاعی با حسی- تصویر فررار و آنی تولید می کنند. ستارگان و مناظر هر صحنه فیلم بصورت تکه های عبارتی حسی و آشنا روی حافظه خواننده شعر اثرگذار اند.

در فیسبوک علایق سینمایی به آثار کلاسیک ویکتاریای جوان، الیزابت، کنتس، شاهکارهای تئاتر؛ جنایی چون شرلاک هولمز، خنده دار چون محفل ۳تایی، کارول برنت؛ چهره سینمایی الن دلون، منطق استنتاجی کارآگاه هرکول پوارو در سریال آگاتا کریستی دلخواه شاعرند. دیگر علایق شاعر بقرار زیرند: غرور و تعصب، برباد رفته، ماجراهای هاکلبری فین، بازی شطرنج، جنگ ستارگان تخیلی علمی؛ چارلز دیکنز، جین آستین؛ احمد ظاهر خواننده بااستعداد و مقتول، سایتهای زنان سرشناس افغان.

شاعر به مقتضای نیاز بیان فکر ، واژه، ترکیب، اصطلاح جدید می سازد. نمونه: شاخچه، لاشخه. شاعر چند واژه تکیه کلام دارد: سترگی، فرحان. شاعر عنایت خود را به محیط زیستی با نام جانوران می آورد: پرستو، آهو ، کبوتر ، شهپره. در مجموعه پرستوها ادراک شادی و کلامی کردن با صداقت، تازگی، شفافیت ارایه می شوند. اتفاق/ شانس در طبیعت پدیده عادی است؛ در فرهنگ گاهی باسرنوشت توام می شود. تمام جوانب عمده فرد در جسم، عاطفه، ذهن بقرار زیر

نامبرده شده اند: قلب، دست، چشم، اشگ، ترس، رویا، پندار، عقل. برای او زیبایی شعر و طبیعت دلیل زندگی است. کمک به همنوع هدف زندگی است.

سال- اواخر بهار زاده کابل، فرزند اول- ۴دهی/ ۴۰ستون/ دارالامان

۱۹۸۸ دانشجوی داروسازی، نشر ۲ شعر در مجله جوانان دانشگاه

۱۹۹۱ ازدواج، سفر هند، اقامت در فلوریدا

۱۹۹۳ فرزند اول

۲۰۰۱ فرزند دوم

۲۰۱۳ نشر کتاب پرستوها، کابل

منابع. ۱/۰۸/۲۰۱۳

شهلا-و-لیزاده http://www.24sahat.com
http://aryaadib.blogfa.com/8607.aspx

عشق در پرستوهای شهلا لطیفی
دکتر بیژن باران

مجموعه شعر، پرستوها، شهلا لطیفی، انتشارات فرهنگ، کابل، ۱۳۹۲، شمارگان ۱۰۰۰. فهرست ۱۱۱ شعر این کتاب رئوس زیر را دربر می گیرد: زن، فصول، عشق، تخیل، عاطفه، مراسم، خانواده. عشق در این کتاب ۳۷ بار نام برده شده ...

اخبار روز: www.akhbar-rooz.com پنجشنبه ۱۷ مرداد ۱۳۹۲ - ۸ اوت ۲۰۱۳

راهیست راهِ عشق که هیچش کناره نیست. حافظ   مجموعه شعر، پرستوها، شهلا، انتشارات فرهنگ، کابل، ۱۳۹۲، شمارگان ۱۰۰۰. فهرست ۱۱۱ شعر این کتاب رئوس زیر را دربر می گیرد: زن، فصول، عشق، تخیل، عاطفه، مراسم، خانواده. عشق در این کتاب ۳۷ بار نام برده شده؛ هر بار در بافتاری متفاوت مانند پرنده، اولیا، فرزند، آرزو. نقد این مجموعه شعر در ۴ بخش انجام شد: نقد ساختاری، زبان، تنانگی، عشق پرستوهای شهلا. شاعر پرستوها سیمای بصری و حسی معشوق را در آرزو و تمنا آورده. اگرچه ۳۷ بار "عشق" در کتاب تکرار شده؛ ولی لفظ عشق برای اوج شوریدگی جذبه ۲ تن بکار نرفته. عشق می تواند در رابطه با پرنده، خود شاعر، اولیا، فرزند باشد؛ ولی عشق ۲ طرفه- چه عام مانند برخی غزل حافظ چه خاص مانند افسانه نیما- تصویر نشده. عشق با حساسیت معنی دار است. آیا عشق ریشه اش در مهر کودکی خانواده، بر اساس تخیل و عواطف نوجوانی، آرزوی ایده آل متبلور از سینما و ادبیات میانسالی است؟   نخست در تصویر طرف مقابل، شاعر با عبارات و استعارات بدیع ولی

کوتاه معشوق را تصویر می کند که در بقیه این نقد ارایه شده. عشق احساس قوی و عمیق به امری تعریف شده که شامل رابطه جنسی ۲ نفر هم می شود. انواع آن بقرار زیرند: بیدریغ مانند عشق مادر، هدیه/ خیرات به همنوع، لذت تنانه رمانتیک بین زوج، خویشاوندی بین اعضای خانواده، دوستی با همسنان/ همبازان، به آرمان/ حقیقت/ اعتقاد مانند عشق میهن. سبک و مقدار عشق بنا به توافق، هدف مشترک، وفاداری، مالکیت معشوق با ازدوج تعیین می شود. در اقلیت ناچیزی عشق مانیک/ شوریده با حسادت، مالکیت، اختلال تکفکری obsession و وابستگی پدید می آید.   مثلث عاشق-عشق- معشوق در ادبیات تخیلی مهمترین موضوع است. در پرستوها این مثلث با ذوق، تخیل، خلاقیت بشعر در آمده. در شعرهای گل سیب، بمان، مستی، عشق، زنم- صفات زیر برای عشق بکار رفته اند: جوانه، لالایی، جاذبه، التماس، احساس، حیرتبار/ شگفتی، آتشین، تابنده، نور، نفی غصه ها، فرحان/ شاد، عریانی. اصول اخلاقی ایده آل محاط بر عشق مانند شادی، آرمان، آزادگی، آغوش، پاکی، عفت نامبرده شده اند. می توان اجزای عشق را از خیال و فهم تا حضور و وصل از سطور پرستوها بیرون کشید.

شاعر عشق را در ثنویت ایجابی/ سلبی اینگونه در شعر زیر از کتاب بعدی تعریف می کند: ایجابی در سطر اول دلخواه شاعر با جمله کامل تصویری استعاری دل انگیز مثبت معنی شده. سلبی در سطر بعدی با تک فعلی منفی آمده. این شعر اوج خلاقیت، صداقت، تصویرپردازی یک شاعر زن- با نتیجه "عشق پاک محرکه و جنبش دو قلب در زمان/ که میان نام و عفت دل" در پایان شعر- می باشد. در شعر زیر عشق از دید زن تعریف می شود: عشق خنداند چون گلهای سپید روی فرش باغ مست   نگریاند   عشق آرمان را شکوفان چون لاله ی غلطان یک دشت   نترساند   عشق نازد آن سراپای زمستان غمین را با تسلیت   نگریزاند   عشق حس شاداب روح را شکوه داند چو آن ناهید مهر   نرنجاند   عشق آزاده

گی دل را ترقی با آن نردبان صفا نتازیاند عشق آغوشت دهد نرم چو اسیری در بند نغلتاند عشق ی پاک محرکه و جنبش دو قلب در زمان که در میان نام و عفت دلت ریشه دواند.

در شعر زیر عاشق از دید زن تعریف می شود. شاعر زن، یک طرف ماجرای عشق، زن مدرن حساس را مخاطب قرارداده؛ او را کامل با "اسم، خوبی، کمال، بیان، خیال، افکار، صفا، همت، عهد، وجود، بخشندگی، مهر" اینگونه تصویر می کند- به ستایش زن: اسمت لاجوردین, التماست روضه ی از خوبی ها, کمالت لعل التماس, بیانت لمحه ی روشنی ها, خیالت حریری بدرقه ای, افکارت که چه والا, صفا ات لغزش پروانه ای, کمالت بخشش پراز سخا, همتت غلیظ با رنگ طهور, عهدت تکیه گاهی بی ریا, قلبت گنج پرنور عاطفه, قلمت باغچه ی شگفتی ها, گفته ات الهام ز مهر, بودنت هستی در شادمانی ها, وجودت مژده از بهاری خوش و داشتنت عطری بخشنده گی ها, پس تو ای عزیزترین رقم ز عشق, مهر را قالب کن در سینه ات, و شادی را نثار قحطی های زندگی, تا جاودانه بماند این بهار. پس مثلث عاشق- عشق- معشوق در پرستوها با دقت تبیین شاعرانه شده. در شعر زیر معشوق از دید زن تعریف می شود. چنان خواهمت, نمونه لیریک با لایه های معنایی در تصویر من، تو، گوشه دنج می باشد. من مونث "با وعده گنج وصال"، تو طرف مغازله ایده آلی"نیازمند بخشش." گوشه دنج با استعارات روستایی، تصریح طبیعت بهاری، گل، آهو می باشد: چنان خواهمت چون سبزهء بهار که تشنه به قطره ای، بال شکسته را پیوند ز عاطفه، گل بشگفته را نیاز به دهان باد، آهوی رمیدهء که نالان پی وقار، دست فتاده را نیازمند بخشش ای و آغوش مهر را وعدهء گنج وصال، چنان خواهمت. آرزو و صفات معشوق با تصویری زمینی، کاربرد حواس ۵گانه و محرکات شادی، سرخوشی، وصل داده شده. از اصول اخلاقی ایده آل عشق مانند شادی، آرمان، آزادگی، آغوش، پاکی، عفت نامبرده شده اند. شعر

عشق: حست چه بهشتی،لمست سبزینه فرش ز بستان آرزو، نگاهت شبنم لغزان ز رخ عنبرین،خنده ات خش خش مرغان خواب الود سحرگاه وصال، مقدمت شهپره ی عشق و نیاز، قلبت گرمی خورشید ز بین شاخه ها، دستت حلقه ی زرین فتان و آرزو، روحت گلگونه باغ ز نیاز، بویت عطر خوش نیمه شب های وصال، مزه ات شهد گلبرگ بهار، صدایت نغمه آهنگ روز، گیسوانت پیچش از مستی شب، چشمانت سایه ی سرد سحرگاه جنون، کلامت روزن خوشبختی ها در نیمه روز، و خودت طاهری ازستره گی ها، پس بمان ای خوبترین هدیه ی ز مهر و سرور، تا حیاتم نغزترین فصل ز امیدها شود. عشق غیر از تخلیه عاطفی به کلام شاعر، برای تقلیل خشونت در جامعه ارزش تاریخی دارد. در ۱۰۰۰ سال ادبیات فارسی، مانند بقیه شعر جهان، شعر لیریک بیشترین حجم شعر و ترانه را دارد؛ چون پایه ادامه حیات روی عشق برای تولید مثل و خشونت زدایی استوار است. لئونارد کهن در ترانه ی زیبا برقص با من تا ته عشق، در عشق بودن را مانند رقص موزون همآهنگ زوج می داند. در ادبیان فارسی معاصر بخشی از شاعران زن در اشعار اولیه بخاطر فشار دینی- از تصریح جنسیت طرف مقابل ناخودآگاه طفره می روند. آنها عشق مطلق بدون جنسیت را در شعرهای تغزلی خود ارایه می دهند. این عشق به طرف خنثی/ بدون جنسیت در عرفان ۸۰۰ ساله ایرانی شاید ناشی از سنت تقیه، ایهام، کتمان، حیا باشد. عشق در خاورمیانه جنبه افلاطونی عرفانی مجنونی هم دارد. ولی جنبه عمده عشق برای شادی و تداوم نسل خارج از انحرافات عرفانی یا روانی است. کاتولیکهای راس کلیسا، زن و مرد، سکس نداشته؛ عشق به انسان را تبلیغ/ عمل می کنند. عشق در فرهنگ ایرانی از حافظ و مولانا تا فروغ و شاملو بسیار قوی است. جهان مجازی فیسبوک هم آیینه جهان واقعی شرقی و غربی است. ولی جنبه عمده در اینترنت در رابطه با همسریابی بسیار مهم است- بویژه نهادهای جفتیابی در غرب. از نظرات فیسبوکی شاعر می توان محیط مساعد برای زن مدرن را خلاصه

کرد: ۱- عدم کنترل مرد بر شکوفانی اجتماعی استعداد زن با تحمل آزادی ذهن و بیان زن. ۲- عدم بیگاری خانگی بدون مشارکت در کار خانگی و مالکیت خانه. ۳- احترام متقابل به کار تخصصی اجتماعی طرفین. انطباق با محیط مدرن زندگی برای مرد با فرهنگ قبیلوی مشکلتر از زن است. پایه ازدواج قبیلگی تملک زن چون احشام است. حتی متخصصان با کودکی قبیلوی ظاهر مدرن گرفته؛ ولی باورهای تملک و کنترل زن برای بیگاری را حفظ می کنند. در جامعه گذاری رابطه ۲ طرف چند شکل دارد: سنتی قبیلوی تک همسری گاهی صیغه و چند زوجه برای مرد، مدرن با برابری تلویحی حقوق زن و مرد، زبدگان قبیلوی با پول و منزلت، شنگول با تک همسری ظاهری ولی مخ زدن زنان دور و برشان در اجتماع و کار برای فانتزیهای جنسی مخفیانه.   پایه رابطه مدرن عشق و اشتراک سلیقه طرفین و برابری حقوق مدنی است. لذا برای تبلور ذوق و استعداد زن خانه امکان دیگری جز تخیل و رویا نمی ماند؛ عشق به فرزندان، خاطرات زادگاه، فیلمها و ادبیات رمانتیک کاتالیزور تصویرسازی تخیلات اند.

شاعر در فیسبوک ۰۷۲۴۱۳ در رابطه با عشق می گوید: شخصاً زیاد نیش خورده ام. حالا دیگر برایم رنگ همه زنبور ها یکسان اند. اما عشق راستین راهش را در قلب میابد ولو به هر گونه ی. باید به گفته شاعر افزود: جهان مجازی فن آوری نوین ارتباط انسان با انسان و انسان با فرهنگ گذشته خود است. لذا اخلاقیات نتی هنوز کاملا شکل نگرفته؛ کاربران اخلاقیات فرهنگ خود را به اینترنت انتقال می داده؛ گاهی مزاحمت پیامی برای دیگران ایجاد می کنند.   البته جهان مجازی مانند جهان واقعی، بقول آمریکاییها، چند سیب کرمو/ گندیده هم دارد. شیفتگی، ایذاء، دنبال کردن، هتاکی، بدطینتی هم گاهی از روی نپختگی، خامی، قبیلگی، قیومیت، عدم احترام به حقوق مدنی طرف، آزمون/ خطا، قلدری، تنهایی، روانپریشی تکفکری، هجمه مفعولی، عارضه های عجولانه، اختلالات روحی افسردگی و ناجی گرایی- اتفاق می افتند.

obsession, passive-aggressive, compulsion, depression تجربه در عشق جنسی در زندگی و مطالعه بویژه زوربای یونانی و آثار دیگر کازانتزاکیس اینست: ۲ انسان ۷۰-۸۰ ٪ صفات عمومی مانند خورد، خواب، حمام، ورزش، هنر، مسکن دارند. ۲۰-۳۰٪ صفات بومی مانند زبان، مذهب، تخصص، رسوم، آداب دارند. لذا در زندگی - مثلا پدر آفریقایی و مادر سفیدپوست اوباما- انسانها باهم آمیزش می کنند حتی مستقل از زبان مشترک. گاهی عشقهای آتشین بین ۱۰٪ بقیه مانند رومئو و ژولیت یا شیرین و فرهاد در ادبیات جاودانی می شوند. در این ۱۰٪ هم اشتراک سلیقه ۲ طرف عشق عمق آنرا شدید، موفق، دیرپا تا مرگ می کند. آیا عشق رابطه شدید آنی است یا برنامه دراز مدت برای تداوم آتی؟ عشق مطلق و ثابت نیست؛ مانند هر پدیده طبیعی دارای چرخه حیات از آغاز، اوج، افول/ مرگ است. در ادبیات عرفانی از ۸۰۰ سال پیش شیدایی هم به صفات عشق افزوده شده؛ اگرچه در تقابل و تقلیل خشونت جامعه مفید است؛ ولی برای شکوفانی جامعه یا حتی رابطه سالم عاشق و معشوق کارا نیست. در عصر مدرن عشق بنا به فردیت، حقوق مدنی، آزادی عقیده و بیان- راه را برای ساختن خانواده پیشرو و در عشق باز می کند. شعر اگرچه تخیلی است؛ ولی می توان رئوس عشق ایده آل را از آن بیرون کشید. شاعر ظرافت، انواع، انتظارات، لطافت عشق را در اشعار پرستوها، شعر می شوم، فرزند و اولیا بیان می کند. صفات عشق تخیلی ۲ انسان پخته در مجموعه پرستوها را می توان از سطور شعرها بیرون کشید؛ سپس با اسمهای عام/ تجریدی مانند دل انگیز، آزادی، حریم، آرمان، مرام- آنها را تلخیص کرد. می پسندم، از طبیعت، نور، کودک، شبستان، اندیشه های نغز می گوید.

استعارات لطیف مانند "خوشبویی یقین ز دبستان/ هیاهوی یک کودک مستان" خواننده را در خلسه می برند. در هایکوی تو تنانگی ساده و جذابی برای جفت من/ تو آمده. درخت تنها ، نماد تنهایی شاعر است که با مثبتگرایی نوید می

دهد: این فصل هم/ در گذر است. او زمان را در ۳ بازه گذشته، حال، آینده در تصویری موجز در با تو بودن حسی می کند. در بمان، حس پوستی رنگآمیزی، آواآرایی، و تمام حواس ۵گانه بویایی، بینایی، شنوایی، پوستی/ لمس/ دما، چشایی بکار رفته. زن با حضور در امور آشپزی بیشتر از مرد حواس ۵گانه را در شعر برای حسی کردن فکر بکار می برد. شاعر آرزوهایش را بر صفحه می نویسد: هوس کردم ،حواس ۵گانه خود را با ترکیبات بدیع بیان می کند: لاشخه های زرد تمنا، بپیچم، فرحت مستی، خشکیده سنبلی ز وقارت، خجسته لمحه ی مستانه/ ز شوق و شور باشم.   بهار امید، از حواس ۵گانه برای ترابری تجرید امید به عبارات حس پذیر حاوی "تن، روح، خیال، لمس، دست، پا، گیسو، صدا، دل" برای خواننده مدد می گیرد. در مترس ، غمین رخسار شاعر "تو" را خود انگاشته؛ دلداری می دهد. لذا می توان تغزل را زمزمه با خویشتن هم قلمداد کرد که اصول اخلاقی شاعر مانند صداقت، لطف، احساس- شجاعانه تصریح یا تلویح می شوند- سوای نجوای با طرف. آیا سنگ صبور عتیق رحیمی نجوای زن با خویشتن نیست؟   در جامعه گذاری در شعر زن، بخاطر سیطره سنگین پدرسالاری و گرایشهای مدرن، گاهی عشق مادرانه با عشق تنانه در کلام مخلوط می شوند. آیا عشق تنانه به معشوق، ادامه دگردیسی عشق مادرانه است؟ آیا عشق شاعر زن آلیاژی از مهر مادری برای تداوم نسل، عطوفت به محیط و جانوران و پیران، نوستالوژی به خانه پدری/ میهن، نیاز غریزی تنانه فروکوفته ایلی در زن می باشد؟ سرور "نمکین آن نگهی/ که برایم نور می آورد.. شور می آورد.. سرور می آورد" در مرز یا فصل مشترک این موارد عشقی زن است. آیا معشوق خیالی طرف گفتگوست یا نجوا با فرزند واقعی.   احساس عشق ، رابطه با فرزند در تصویری بدیع و عاطفی با راوی سوم شخص مفرد، نه اول شخص مفرد من،رذ تصریح می شود. نیز از "سرمای جانسوز تنش" به "گرمی احساس عشق" عاطفه مادرانه میرسد. گزینه راوی کلان ناظر- مادر را

مانند روح حمایت، الهه یا پرنده ای با سپر نامریی طرد بلا، در فضای دور فرزند- تصویر می کند: پسرک بود چه مدهوش در آن خواب عمیق گرم و سراپایش پیچیده ز نور مادرش سخت بلرزید و عمیق نه از آن سرمای جانسوز تنش لرزشی از گرم گرمی احساس عشق آنکه یک عشق یست تابنده ز مهر. انتزاع عشق کلاسیک مطلق و بیزمان است. در حالیکه در مدرنیزم عشق هم مانند همه پدیده های انسانی چرخه حیات دارد: از نقطه ای آغاز شده، به اوج میرسد، سپس با مرگ/ جدایی افول می کند. عاشق اسیر جادوی جزییات است. اما آرزویش تسخیر تمامیت تقسیم ناپذیر دلبر- تصرف کلیت بی کم و کاست او- است. گاهی در اشعار عاشقانه- موجودات، الفاظ، اندام دلبر در هم تنیده اند. پاز، شاعر صاحب نوبل ۱۹۹۱ مکزیک، می گوید: بیدی از بلور، سپیداری از آب، فواره ای بلند که باد کمانی اش می کند، درختی رقصان اما ریشه در اعماق، بستر رودی که می پیچد، پیش می رود، روی خویش خم می شود، دور می زند و همیشه در راه است. عاشق طالب سمج در نقاشی عشق پی کشف و اشراق راز و رمز است. هر خال/ خط آن حظ زیبایی را در او فعال می کند. پیام یزدانجو در فیسبوک ۰۷۱۳۱۳ توصیفی دل انگیز از عشق می دهد: تو عریانی آب ای، شفافیت آفتاب: تو با تن ات سخن می گویی. گفتار تو حجم اعضای شفاف تو است. آن چنانکه نگاه و نوازش ات: تو با نگاهت لمس می کنی، دستهای تو شکل دیگر چشمهای تو اند. شهلا تخیل، خلاقیت، آهنگ، آرزو، استعارات بدیع در شعرش فراوان دارد. در سطرهای شعر- خاطرات، خیال، با تصاویر یار در هم آمیخته. ترجیع بند "دانه دانه ذره ذره لمحه لمحه قطره قطره ورقه ورقه" تمپوی کشدار رویا را تنظیم می کند. این شعر از تنهایی من آغاز، با "ساعد گرم نیازت قطره قطره/ در خوش گرمین با وصالت" پایان می یابد. هوس انتزاعی با گلسرخ معطر ولی خاردار آمده؛ یعنی هوس هم لذت هم درد دارد. شاعر زن طرف مقابل را با حجب ظریف بدون ضمیر، با

استعاره "در دست شوق" تلویح می کند. خود سطر- "گلسرخ هوس در دست شوق" بیان اروتیک و حسی می گیرد. انتزاع هوس و ضمیر با اسم کنکرت جام و دل حسی، تجسمی، تصورپذیر می شوند: هوس با جام، "ضمیر ستره" با "دل" خونین پرعاطفه. در "شقایق دل" استعاره بصری شقایق سرخ برای دل، در شعر ای هم دیار من-"سرایر تلخین" نسبت دادن حس مزه به اسم عام آمده. سرایر مترادف مکنونات است. ترکیبات "گل سیب، باغ امید" با استعاره های باغداری طراوت روستایی زادگاه و کودکی را می سازند. اسمهای عام تجریدی با "خوشه.. شهامت، گلستان/ تخم آرزو،" حسی می شوند، در شعر آرزو. در بوسه، مجاز تنانگی برای دهان اینگونه آمده: "قرمز لعل دل به گردن باد حلقه لبان برای بوسه ناب." گاهی ضمیر "ش" به ابهام در شعر دامن می زند، بهار امید ، در رویا، به نظر شاعر می آید. "..گل چیدم از بستان دلش/ با سخاوت" که بهار انسانگونه با دل و سخاوت تصویر می شود. ولی آیا این بهار انسانگونه نماد معشوق است که با سخاوت است؟ امتداد ، شعر در تخیل وعده تصویر کردن رویا را می دهد. ولی این رویا خود یک امید به فردا/ طلوع شفیق بمعنی مهربان است. آیا برخی از اسمهای آمده در شعر مانند رویا، تخیل خصیصه های ناخودآگاه غیرقابل حصول داشته که در گزینش واژه ها چون سراب تجلی کرده اند؟ آیا معشوق رویایی با تکرار لحظه برای دوره ای از حیات است؛ سپس خاطره می شود؟ آیا عاشق چون امیرارسلان در عشق فرخ لقا از ۷خوان رستم برای رسیدن به معشوق می گذرد؟ اینهم تراژیک است که در جامعه پیشامدرن مرد آمال و تمنایش را عیان می کند؛ ولی زن باید مراعات سنن را بکند؛ وگرنه ناسزا می شنود. در شعر زیر ۲ لایگی "ستره"، نمادگرایی خوشه معشوق و پروانه راوی در تمنای خیال دل انگیز اند. ایهام / ۲پهلوگویی"پهن کردم سپید پیرهنم" با ۲ معنای استعاری پیرهن تن "در بند دلآویز حریر" و برهنگی تن با بیرون آمدن از پیرهن زیباست: "پهن کردم آن سپید پیرهنم.. دستان حلقه شد

در بند دلاویز حریر/ تا نرمیانه ز امید/ خوشه ها برچینم/ پای غلطان شد رها در پی پروانه ی مست/ تا با آن حس لمس اش، برچینم. در پرواز می کنم شاعر زن مدرن "پرواز می کند از قید خرافات، قعر تعصب، غرض، تملق" برای "یک شب عاشقانه/ رها ز ترس و بیم/ عاری ز قید و شرط.." بچین، راوی آمرانه به طرف می گوید: بیا ز شکفتگی اش/ دانه طهور بچین. یعنی از باز شدن گل، دانه پاک چیدن- اوج تغزل در استعاره از دید زنی مدرن در فرهنگی پیشامدرن میباشد. در شعر زیر زن از ۲ دید مذکر با رویت تن و اجزای جسم مانند چشم، لب، پوست، "خوش طعمه ای" و دید مونث با برشمردن صفات مهر، الهام شعر، همت، عشق، صغیر، ضریر بمعنی نابینا تصویر شده: تو ساق پا بینی و من مقدمی ز مهر/ تو پوست بنگری به دلاویزی بهار/ من سفت دیده/ که چه بیناست اما ضریر، یعنی مرد با چشم بیناست ولی دید بصیرت برای ادراک کلیت زن ندارد. شاید در این شعر مرد خاصی مورد نظر راوی باشد. چون در غزل سنتی مرد و زن عام بوده؛ شخص معلومی ارجاع نمی شود. عشق در کتاب بیشتر سر و قلب است؛ درحالیکه عشق از دید مذکر میان تنه را هم در بر دارد. گاهی عشق در بافتار غیرانسانی شعر کبوتر، خود زن نسبت به عزیزانش، بیان عشق خویش بطور عام آمده. در شعر عشق ، صفات عشق عام را رهایی، کشش، نیاز، نجوا با "آزادی روح، لالایی، جاذبه، ۲ تن ز نیاز" بیان می شود. وصال، تصویر خیالی و شورانگیز از "خوشه ها.. قعر.. دست .. بوسه.. من در سراپای نیاز" می دهد. در عشق، "عشق جوانه است / حس آزادی روح،" لالایی با لابلایی بوسه ها و "شاخچه های نیاز با التماس آغشته است." دستم بگیر، یک هایکو با فوکوس روی ۲ طرف در زمینه غم شبانه است. شاعر زن عشق ذهنی یا جسمی خود را به طرف مقابل بیان می کند: "مقدمت، شهپره ی عشق و نیاز"، در زن ، شاعر ۲ دید متقابل زن از خودش یعنی "مردانه اما صغیر" و دید مرد حریص از زن چون "طعمه" لذت و بیگاری را ارایه می دهد: تو زن بنگریش و

خوش طعمه ی ز عشق   من جسم ستره ی که چه مردانه   اما صغیر.   شاعر رمانتیک در نجوا با خود، معشوق، یا طبیعت از احساسات، آرزوها، تنهایی گفته؛ شعر در جامه عاشق بر شاعر ظاهر می شود. در شعر می شوم ، شعر با "لعل لبانت، خامه شهد و هوس" تشخص انسانوار گرفته؛ در این شعر تصویرها آمیخته ی از ادبیات مذکر سنتی از دید شاعر مرد و احساسات شاعر زن مدرن است. والت دیزنی در هولیوود انسانوارگی تصویری جانوران را به اوج هنری، تفریحی، جهانی رساند. به نثارت، توصیف استعاری از وصل می دهد: قطره شهدی ناب کندوی شهاب/ غلطان گهر سپید.. طرب انگیزیی / لمس خیالاتم/ نرمین التماس عشق/ از شاخچه سبز/ خوشه های مرمرین/ ز آهو بره چابک قلب ستره ام." استعاره بدیع " آهو بره چابک قلب ستره" ضربان تند سینه را بصری کرده؛ چابک جانشین تند شده که حالت بصری زیبایی دارد. تند چند معنای نامناسب فلفلی، خشن، زود را دارد که شاعر آنرا با استعاره آهو بره چابک دور می زند. حساس مقید نیاز است؟   یک آهوی سرکش در دل رها؟   نه, پروانه یست که در لب خیال بال و پرش   بسته چه نرم   آن همه هوش دقیق را.   سطر اول تجرید انقیاد احساس است که در سطر ۲ و ۳ با استعاره آهو و پروانه حسی/ بصری می شود. آیا هوش دقیق برای انقیاد احساس برای بقا در جامعه مدرن لازمست؟ پاسخ شاعر ۰۸۰۶۱۳ فیسبوک: هوش و بیداری احساس در هر زمان و مکان ملزوم با ویژه گیهایش است بمنظور بقا، بالخصوص در جامعه ی مدرن با همه سهولت هایش. مولانا گوید: آن چه می گویم به قدر فهم تست./ مردم اندر حسرت فهم درست.

شاعر در فیسبوک ۰۸۰۲۱۳ در باره سبک ادبی خود می نویسد: بخود میبالم و به شما علاقه مندان قلمم همچنان. {برای تغییر سبک می گوید:} نه هرگزا من اصالت و سبکم را با همه صداقتش ارزش میدهم تا مخاطبان زیاد. منظور من هم از سبک، غلظت واژه هاست که خود بیتابانه از دماغم میریزند؛ در لابلای

چنان سرایشها، نرم و ساده هم مینویسم تا بتوانم احساس مخاطب را با یک ظرافت لمس کنم. در اغلب اشعار موسیقی با خاطرات همراهی می کند. این گونه شعرها مانند قطرات باران بر آب دایره ها دارند. قطره مرکز الهام در دایره در دایره در دایره است؛ سطور بعدی مانند دایره های بیرونی با استعارات بدیع احساس را باز می کنند. زیبایی هم انواع خود را دارد: زیبایی سرودهای ضربی و رقصهای شاد مردمی مانند اتن و غربی مانند فلامینکو و تانگو جای خود را در زیباشناسی و حظ هنری دارند. در اشعار شهلا زیبایی تصویر طبیعت و تاریخ با ترنم دلنواز همراهند. ژان پل سارتر در کلمات می گوید: سرودها هر چه ناامیدانه تر باشند زیبا ترند. طبیعت زمین ۳-۴ بیلیون سال در پویش است. تاریخ ۴-۵ هزار سال بیشتر نیست. اشعار این مجموعه طبیعت زمین زیبا را با فرهنگ باستانی افغانستان با ذهن ظریف شاعر مملو از خاطرات خوب شب با نسیم مهتاب خواب را از پنجره به ماه می برد. بقول شاعر: طالب بی قرار شو تا که قرار آیدت. خاطرات زادگاه و خانه پدری در اشعار او آوایی ورق می خورند. شکوه و زیبایی تنهایی و آرامش در شعر شهلا بچشم می خورد. در شعر مظاهر تمدن مانند کتاب، شمع، پنجره با نمادهای طبیعت مانند شپره، پرستو، آهو در هم می آمیزند. آیا ترک زادگاه هوای کولی بودن دارد؟ همچون موسیقی افسانه نیما با زندگی آزاد کوچیها: من بر آن عاشقم که رونده است. شهلا اکنون ۲ زبانه شعر می سراید؛ گاهی با ترجمه و دکلمه آنها را برای مخاطبان در یوتیوب، فیسبوک، رادیو پگاه chirb.it و https://soundcloud.com نشر می کند. او در ترجمه روان از متن اصلی، استعارات پویا مانند "شعاع قلبت می کشاند" و ایستا مانند "التماس لمس"را در شعرش می گنجاند. این سطرها ظریفانه احساس را تصویری کرده؛ بدون متن اصلی، ترجمه آن بقرار زیر است: در آغوش تو و یک مکان تاریک شعاع قلبت را بینم که مرا میکشاند به ان زمزمه ی عشق تا حرارتم بخشد با التماس لمس جا ام دهد در یک اندیشه ی

راحت   و پروازم به ان اوج لذت که احساسش چه بجاست   خواندن کتاب اول شعر شهلا آموزنده بود. هوش، قریحه و نکته بینی شاعر در اشعارش دلپذیرند و مانا یند. این کتاب گستره واژگان و استعارات بدیع - خلاقیت شاعرانه، بیان هنرمندانه و استعداد بصری- زبانی ارثی شاعر شیرین سخن را آشکار می کند. شعرهای نغز و بدیع شهلا چون چشمه گوهر هنر با کتابهای بعدی مستدام خواهد شد. به پیش برای نشر کتاب بعدی.

منابع. ۷/۰۸/۲۰۱۳

فیسبوک صفحه شهلا ولیزاده www.vatandar.at

تنانگی پرستوهای شهلا لطیفی
دکتر بیژن باران

مجموعه شعر، پرستوها، شهلا لطیفی، انتشارات فرهنگ، کابل، ۱۳۹۲، شمارگان ۱۰۰۰. فهرست ۱۱۱ شعر این کتاب رئوس زیر را دربر می گیرد: زن، فصول، عشق، تخیل، عاطفه، مراسم، خانواده.

نقد این مجموعه شعر در ۵ بخش انجام شد: نقد ساختاری، زبان، تنانگی، عشق پرستوهای شهلا. محتوای واژگانی مجموعه پرستوها به کودکی و نوباوگی شاعر محدود بوده؛ شامل محیط میانسالی او نمی شود. لذا سرایش بمثابه سفر تخیلی به زادگاه و مرور خاطرات شیرین گذشته برای گریز از تلخی امروز است.

نشر اولین کتاب شاعر هیجان آور است. در این کتاب یادهای راوی از زادگاه با مهر خانواده و زیبایی طبیعت بصورت سرایش این خاطرات دلپذیر و زبان شاعرانه در غربت قابل غور اند. به پیش برای نشر آثار بعدی این شاعر صدیق، حساس، بااستعداد ذاتی کلام و تصویر. آینده درخشانی در ادب فارسی و انگلیسی برای پشتکار، صمیمیت، ذکاوت، خلاقیت شاعرانه او می بینم.

شاعر در باره کودکی و نوجوانیش می گوید: در چهاردهی کابل زاده شدم. در صفاها و ساده گیهایش با نعمات ستره چون داشتن مادری زیبا که بهترینها را برایم هدیه داد؛ آن پدر عزیزم که اصالتها را صادقانه برایم بخشید، رُشد کردم تا اینکه در دامنه ای از محبتها، دیوانها، رنگینیها- بشکفتم به یک دوشیزه ی که عشقش صرف ادبیات بود و احساسش فقط شعر و نویسندگی.

او ادامه می دهد: گر چه چند سالی هم در دانشگاه کابل، از علم وسیع فارمسی/ داروسازی بهره بردم؛ اما روح و روانم شیفته ی ادبیات بود- حیرت زده ی آن

همه شگفتیهای نابش. اینک خود از احساسم قطرات مهر را چیده؛ به خوشه ها نثار دوست داران شعر نو مینمایم. امیدوارم آرامش روح آمیخته با تخیلات زیبا برای آنان باشد.

او می گوید: در طفولیتم خموش بودم و دقیق. نابسامانی ها را حس نمیکردم اما نظاره گرش بودم در لابلای شوخیهای کودکانه و مساوات را صرف در اغوش پدر شیرین سخنم و آن نگاه های گرم مادرم میجستم بی شایبه. در نوباوگی خموشتر شدم و دقیق تر، احساساتم را مفتون صله ی رحم کردم؛ بی عدالتی ها را رمزی پُر از فتنه در پرده های افکار جامعه تلقی میکردم. از رنجشش به کتاب پناه بردم و آن دنیایی رویأیش. در ازدواجم سردی احساس و خشکی های منطق را چشیدم زهرآلود که تنهایم را دوست دار شدم بمراتب. با فرزندانم کیفیت جسمی ام را پی بردم. احساسات عمیق عاطفی را با همه وسعت و ابعادش کشف کردم. با قلمم شکفتم، پس این را مباهات میدانم در هست و پودم که شهلا یعنی چه. FB۰۷۱۲۱۳

شهلا تولید شعر به ۲ زبان، ترجمه، دکلمه روزانه زیاد و جدی دارد؛ نظرات خود را در باره آثار دیگران ارایه می دهد. او این کلام البرت اینشتاین را می پسندد: اگر میخواهید خوشبخت باشید، زندگی را به یک هدف گره بزنید نه به انسانها و یا اشیاء. برای او هدف اول خانواده و اکنون شعر است. او بمثابه شاعر زن مدرن می تواند به تغییر فرهنگ قبیله ای قیم مآب مذکر نسبت به زن در جامعه زبدگان ادبی تاثیر بخشد- با تاکید بر کرامت و حرمت زن در جامعه و توضیح به خاطیان مرز خصوصی شاعر زن.

تاثیر رابطه ناسالم قبیلگی در مورد زن در جوامع مردسالار فقط بندگی زن نیست بلکه روی فرزندان اثر سوء دارد. اینرا بوضوح در جامعه ثروتمند عربستان در عدم خلاقیت هنری، ادبی، علمی، ورزشی نسل جوان این کشور در ۶۰ سال

گذشته می توان دید. شعر شهلا انتقاد به محیط ندارد؛ بلکه با دیدی مثبت و مهرآلود چون گاندی، لوتر کینگ، مندلا مسایل اجتماعی و فرهنگی را مطرح می کند.

محیط مساعد برای زن مدرن را می توان خلاصه کرد: ۱- عدم کنترل مرد بر شکوفانی اجتماعی استعداد زن با تحمل آزادی ذهن و بیان زن. ۲- عدم بیگاری خانگی بدون مشارکت در کار خانگی و با مالکیت خانه. ۳- احترام متقابل به کار تخصصی اجتماعی طرفین. در رابطه زن و مرد در سده ۲۱م آگاهی و مبارزه زن در راستای ۳ عامل فوق الویت دارند. شاعر زن مدرن در خاور میانه مانند فروغ و غاده بودن فقط شعر نبوده؛ کنشگری مدنی هم هست. شهلا از سلاله آنهاست.

شاعران زن برای آگاهی و مبارزه در راه حقوق مدنی مساوی با مرد فراوانند. غادة السمان زاده دمشق ۱۹۴۲، شاعر زن سوریاست. در ادبیات مذکر عرب، او شعارهای مدرن زنان را در تقابل با بنیانگرایی دینی در شعر می آورد. زبان، مفاهیم، مضامین شعری او از دید زنانه اند. او سبک دایره در دایره عرب را دور زده؛ سبک خطی ژورنالیستی با جملات ضربه ای، موجز، منقطع مانند شعارهای تظاهرات خیابانی می آفریند. او مطایبه، طنز، تکرار مواضع مدرن زن را با زبان گزیده، گزنده، گران برای ریشخند ادبیات مذکر بکار می برد:

می‌خواهم وقتی به جرم عشق و انتخاب،

برچسب فاحشه می‌زنندم

بغضم را در گلو خفه کنم!

یک کپی از هویتم را هم می‌خواهم

برای وقتی که خواهران و برادران دینی به قصد ارشاد،

فحش و تحقیر تقدیمم می‌کنند،

به یاد بیاورم که کیستم!

برایم یک پلاکارد بخر به شکل گردنبند،

بیاویزم به گردنم ... و رویش با حروف درشت بنویسم:

من یک انسانم

من هنوز یک انسانم

من هر روز یک انسانم!

بخاطر ناهمزمانی فرهنگ فعلی شاعر و مصالح لغوی سنتی در شعر او پرسشی پیدا می شود. آیا کلام شعر و بیان شعر می توانند ۲ زمان متفاوت داشته باشند؟ آیا شاعر می تواند ۲۰ سال در یخچال سرد بدون آفرینش ادبی بماند؛ سپس در محیطی مدرن و متفاوت از کودکی شعر بسراید؟ پس زبان شعری او مربوط به دوره نوجوانی اوست؛ در حالیکه تخیل و شعر در عصر فعلی اند.

آیا می توان برای محتوای یک شعر تاریخ سرایش آنرا از روی قرائن حدس زد؟ تاریخ سرودن شعر ربطی به تاریخ معنای القا شده با کلام ندارد. زیرا محتوای شعر می تواند از دوران کودکی، نوجوانی، یک تجربه با طرف/ محیط مشخص در واژه هایی مجرد و بیزمان جلوه کند. ولی این محتوای نوباوگی در تفکر و تخیل میانسالی مانند حدیث نفس، شرح حال، آتوبیوگرافی نوشته شود.

در پرستوها فرازهای عشق تخیلی بصورت لمحه ای، ثابت، کلی بیان شده اند مانند شعر سنتی. چرخه عشق با افت و خیز ها و اختلافات با طرف ابراز نشده. جنبه های واقعی رابطه مانند مشاجره، اختلاف، کرشمه، ناز، افاده، بیوفایی، قهر- بخاطر تخیل ایده آلی عشق ارایه نشده اند.

شاعر در باره عدم تفاهم به طرف ماجرا می گوید: زن بودن ترجمه ی کلمه ی تمام "ظرافت های دنیاست." مردان این ظرافت را گاهی درک نمیکنند. و زن ظرافتش میشکنند. مرد اسم این ظرافت را "احساس بی جا" میگذارد. زن اسمش را "عشق" میگذارد. چه عشق ها که بخاطر نادانی مردان شکسته شدند. FB۱۸۱۲۱۳ البته این نقل قول شاید برای مردان مشخصی در ذهن شاعر باشد.

شاعر در تخیلات نوباوگی فانتزی ۳ مرد با شهره گی، سفر به آسمان آرزو، امنیت همسایگی را داشت: الن دلون جذاب و هنرمند سینما، آن خلبان در پرواز به افقهای دور، پزشگی با معاینه اندام در کابل. این ۳ رویا در پاره ای شعرها از خودآگاه به حافظه کاری کلام آمده اند. هر ۳ مرد نماد تجدد، اتکاء بنفس، موفقیت اند.

خواسته های زن با فرهنگ قبیله ای امر/ نهی تقبیح می شوند. ولی ادبیات، برنامه تلویزیون، فیلمهای مدرن با طبیعت نوجوی زن منجر به بیان آرزوها در شعر شده. چندین شعر در باره آرزوهای طبیعی، زیبا، مدرن شاعر زن با رعایت عفاف قبیلگی یا پاکی روح بوده که دریچه هایی به روان زن افغان در جامعه گذاری از پیشامدرن به مدرن و از سرزمین مادری به دنیای نو می باشند.

شهلا در صفحه فیسبوکش ۰۸۰۴۱۳ می نویسد: شعر زن خاور میانه نمی تواند از حرمان و غم مالامال نباشد؛ چه بخاطر زندگی در اسارت خود، چه بخاطر حس بدبختی زنان در جامعه مذکر. ولی شهلا این مرثیه طولانی را با عبارات مانده از کودکی شاد خود موازنه می کند.

او همانجا ۰۸۰۳۱۳ می گوید: میکوشم از هر چه سُرایم؛ از حال و احوال آدمیت و احساس آدمها باشد. اما ناخودآگاه به چنان تراوشی میانجامد که تیرگی و غم دارد. شادابانه هم خواهم سُرایید. علت عشقم به ادبیات در طبیعتم عجین است.

از زمانیکه بیاد دارم با ادبیات و زیباییهایش اغشته بوده ام؛ مصروف مطالعه و بهره گیری از آن.

تضاد فیلمها/ برنامه های تلویزیون غربی نو با فرهنگ میرای قبیلگی کهنه در ذهن جوانان بویژه زن با استعداد و حساس طوفان تولید می کند. لذا در شعر این تضاد نو و کهنه مانند ریسمان سفید و سیاه در سطور شعر "سراپا در خیال" در هم تنیده. در جامه زرین, نیازهای زن مدرن "خمچه کردم، خوشه هاش، افشان کنم، شوق، دربرکشیدم از نیاز، رویای وصال، لمس کرد امواج نیازم، نور قرمز، اشتیاق، نرم پیچمت" در جامعه پیشامدرن در ستر عفاف لابلای آجرهای غیرتنانه "آرمان، کهکشان، تصویرهای رنگ" جاسازی شده اند.

شاعر زن خوشبختی را در خاطرات کودکی ولی با عواطف و غرایز جوانی "در زلال مرطوب باغ/ سبزین پرده های بستان گرم/ گلبرگ نسترن آرزو/ ..باران نرم/ پرستوی خموش/ دیوان شعر/ گرمیانه احساس" می جوید. ساختار زمانی شعر تقویم تکاملی از کودکی به نوجوانی شاعر، از طبیعت روستا به فرهنگ شعر، در جستجوی خوشبختی است. همزمان شاعر زن در جامعه پدرسالاری همجوار و در گذار به مدرنیزم- خواسته های طبیعی، فرهنگی، جدیدی دارد. لذا ترکیبات لغوی با مصالح روستایی کودکی برای بیان تخیل جستجوی خوشبختی در میانسالی بشعر راه می یابند.

از نظر کمی تعداد واژه های تنانه و شوق فراوان اند که فوران شوق زنانه را نشان می هد. در این شعر اقلام بصری و انتزاعی "بند، ناز، راز، آرمان، شوق، نیاز، وصال" در استعاره های بدیع زیر تنیده اند: "خمچه کردم خوشه هاش/ افشان کنم آرمان دل/ کهکشان شوق/ در بر کشیدم از نیاز/ رویای شبانگاه وصال/ لمس کرد امواج طوفان نیازم/ نور قرمز تصویرهای رنگ اشتیاق/ نرم پیچمت." از

اعضای تن فقط صورت، دست، پا نامبرده شده؛ تنه در ستره/ پوشش نامریی است.

زن با خلاقیت گزینش و چینش کلمات "غصه به دست باد، سراسیمگی دشت غرور" بخود می گوید: غصه هایت به دست باد دهم/ تا در سراسیمگی دشت غرور/ بر بادش دهد.. او خسته است از حرمان و گریه بخاطر رنگ ظالمانه دوران، ز اختلال رنگ دو رویان. او خود را "در نگاه هوسناک یک صیاد، حزین مرغکی" حیف دانسته؛ از عشق ناب خود می گوید.در شعر حزینم خود را در قید ظلمت خسته دیده؛ ولی خود را به "خیالات و آرزو قرین" می بیند.

تکرار واژه ستره گی و جاهای دیگر بیانگر سنت پوشش حجاب عینی خاور میانه است که در ذهن شاعر پشت این واژه قرار می گیرد. باید بین حجب فردی و حجاب بومی تفاوت گذاشت. ستره گی حایل بین تن و نور است؛ ولی در تن- قلب، عاطفه، شوق، عشق وجود دارند که جامعه پیشامدرن پدرسالاری آنها را استتار/ سرکوب می کند.

استعاره شباهت ۲ چیز منفصل مانند داس ماه و مجاز برای جزء/ کل مانند بال هواپیما – بلسان یاکوبسن، نظریه دان ادبی روسی- بکار می روند. خیال انتزاعی است؛ قابل تجسم نیست پس استعاره و صدا آنرا حسی بصری- سمعی-حرکتی می کند. شاعر زن بوی تن را با یاسمن تداعی کرده؛ زیرا هجای دوم اسم این گل با عطر تن "من" یعنی زن را ترابری می کند. گاهی شاعر آهنگ واژه را بر مقام دستوری ترجیح می دهد: نمونه ۲ هجای فرزان بر ۳ هجای فرزانه/ حکیم.

تشبیه یکی از آرایه های ادبی و عقلی برای قیاس ۲ چیز شبیه هم است. سالها پیش مادر و خاله در صندلی عقب با هم در سفر طولانی با ماشین در غرب اختلاط می کردند. در هر شهر و خیابانی بهم می گفتند: اینهم خیابان فردوسی

اوناست. اینهم آمل اوناست. توجه شود که تشبیه یک مقوله جدید به یک مقوله شناخته به ساختار مغز در طبقه بندی اطلاعات جدید مربوط است.

در محور گزینش شاعر واژه های روزمره، عتیق، ادبی، محاوره ای/ گویشی بکار می برد- این گستره واژه ها را افزایش می دهد. در محور چینش ترکیبات بدیع، انسانوارگی حس پذیر فروانند: "دیده ی ضریر" ضریر بمعنی ضرر ، "چشم ستاره" ، "دست باد، دشت غرور".

شاعر در شعر لیست نردبانی برابرسازی/ نوعی ترادف بصری خلاقانه ساخته؛ تا ستون اسمهای انتزاعی با ستون مقابل اسمهای مشخص/ کنکرت حسی شوند. در برخی ترکیبات واژه های اسم عام با تصویر خاص حس پذیر می شوند. چند نمونه از ترکیبات کلامی بدیع حسی کردن تجرید در پرستو ها بقرار زیر ند: "خامه شهد و هوس، باغ ستایش، غنچه های نظر." این ۳ استعاره بصری "خامه شهد، باغ، غنچه" ترکیب لغوی را حس پذیر می کنند. توجه شود باغ محاط/ ابرسازه بر غنچه ها/ اجزاء و خامه بمعنی استوانه قلم و تلویح خامه/ چربی زرد شیر است.

آیا پندارهای تغزلی از ادبیات مذکر در حافظه راوی زن حک شده اند یا از غرایز و عطش فردی ناشی می شوند؟ تم تخیل مغازله پنداری در غلو بخشش و وفای دل با بیتی از حافظ "به خال هندویش بخشم سمرقند و بخارا را" بیان شده. در نقل قول از حافظ مذکر، این ظن پدید می آید: شاید برخی پندارهای جنسی در زن و مرد مشترک اند. در زن "بیم، ترس، گناه، آبستنی، شیر مادری" کردار و بیان را تعدیل می کنند. در مرد ترشح هورمون تستاسترون کنترل اخلاق را بر رفتار گاهی مختل می کند.

ولی ناخودآگاه برخی افعال، صفات، اسمها برای ایز گم کردن یا شرم، با چینش بدیع فاعل و اسم المثنی قاطی شده اند: "بریزم قطره قرمز ز قلبم، غنچه بشکفم

از شوق دل، قعر سرد رویا، غمزه مهر، خشکیده صحرا" که استعاره های ظاهری برای خون و اعضای تن اند. ولی نمادهای غایب و جانشینی واژه ها را باید مد نظر داشت.

ابهام در رئوس شاکله یار از نطر یک فرد مشخص یا جنسیت در شعر حافظ کاملا مشهود است. یار در فروغ برخی صفات مذکر مشخص شناخت پذیر دارد. در شعر زن فرد مورد عشق میتواند سنتی/ مدرن، عام/ خاص، فرزند/ طرف جنسی، عرفانی/ فعال باشد. البته یار تخیلی می تواند چهره یک هنرپیشه محبوب مانند الن دلون در ذهن شاعر داشته باشد؛ صفات دلخواه از نیازهای بی پاسخ و خاطرات مردان جذاب گذشته شاعر به یار تخیلی سنجاق می شوند.

آیا چهره و صفات در طول حیات تغییر می کنند؟ آیا با داشتن یار واقعی، تخیل باز هم به جستجوی پنداری برای تصویر یار خیالی دیگر خواهد پرداخت؟ پاسخ را می توان در غور آثار و بیوگرافی شاعرانی چون امیلی دیکنسون، سیلویا پلاث، فروغ فرخزاد، لیلا صراحت روشنی کاوید.

در تمام شعرهای تغزلی زن- یار خیالی، خاموش، منفعلی، تمثالی است نه یک معشوق کامجو فعال، سخنگو، عضلانی. در این غزلها آرزو و تمنای شاعر با زیبایی تصویر شده؛ ولی از مشارکت طرف توانمند و کامخواه خبری نیست؛ یاری ایده آل، اثیری، دور از دسترس، کلی تصویر می شود. دلیل این انفعال یار، تخیلی بودن شعر است که یار چون ماهی فررار در دریای ذهن شاعر ناراضی از وضع موجود برای آنی خلسه، سماع، شور برپا کرده؛ ناپدید می شود.

در شعرهای تغزلی این مجموعه ترکیبات سنتی معشوق از دید مذکر و خلاقیت تصویر عاشق از دید مونث با هم مخلوطند. در مستی ، شاعر با ملاحت کنش واقعی را در چینش سنتی قرار می دهد: پرده بردارم ز مستی ام چه خوش امشب/ در حریم عشق لغزم/ نرمیانه پرپر/ لعل گهر بوسه ای خوشرنگ را/ و

سترە خسبم چه رقیق. خسبم بمعنی من خوابم؛ سطر آخر رقیق چرت سبک یا خواب-بیداری مخفیانه را تداعی می کند. در اینجا "مستی" از تجربه میخوارگی نبوده؛ بلکه از طریق ادبیات و فیلم آموخته شده؛ معنای سرخوشی و رخوت تن می دهد.

کاربرد لغات عرفانی در بیان تخیل مدرن زن برای خواننده شعر سنتی جذبه گذار از سنت به معاصر را القاء می کند. لذا با لغات عرفان سنتی حافظ مآب شاعر به بیان واقعیات یا تخیلات یک زن مدرن می پردازد. آیا این رسوبات تغزلی مذکر با برخی استعارات شاعر زن مشترک اند؟ نمونه: نگاهت، شبنم لغزان ز رخ عنبرین، گیسوانت- پیچش از مستی شب، و خودت طاهر از سترە گیها. در سنت ادبی زلف برای مرد و گیسو برای زن است؛ در وضع فعلی مو برای هر ۲ جنس بکار می رود. نمونه: حافظ "زلف آشفته" را در بارە نوباوە نر بکار می برد. عنبر عنصر خوشبو، چرب، سربی رنگ است.

آیا شاعر در بارە خود از دید طرف مقابل یا از دید زنانه خود می گوید؟ می توان منظور شاعر زن را با "طاهر از سترە گیها" یعنی پاک از پوششها حدس زد که روی سخن با خودش، یعنی یک زن در محیط سلطه گر مذکر، است. در شعرهای این مجموعه، احساس گذران در کوتاه کلام بدام افتاده. در هر شعر، رئوس کلی زندگی یک انسان موجز ارایه می شوند؛ خواننده را به غور می کشانند. چرخه زندگی یک انسان با کیلومترشمارهای اولینهای زندگی مانند لبخند، عشق، فاجعه، مدرسه، تولد آمده. روال نزدیکی با یار در خیال، رویا، نه با حضور آمیخته؛ ولی یار دارای اعضای لب، گردن، ساعد، کنشهای بوسه، وصل، حلقه می باشد.

گناه تخطی فرد از دگم اخلاق فردی، دین امتی، رسومات گروهی بوده؛ علل آن در مرد و زن تفاوت دارد. در مرد عمدتا تعلل در وظیفه، قصور در مناسک دینی،

عدم انجام تعهدات خانوادگی بوده؛ در زن عمدتا درگیری ذهنی یا جسمی در تنانگی می باشد. ولی زمان گنه میتواند ۲۰ سال پیش یا دیشب باشد. پاسخ هم می تواند نظر منطقی امروز یا شماتت عاطفی گنه گذشته دور باشد که گاهی به خلجانهای روحی منجر می شود.

در شعر زیر ۲گزینه نمودار "تزلزل"/ شک یا داوری منفی "عرق زشت" اند. آیا "این شبهای سیاه" به گذشته نزدیک یا دور راوی اشاره می کنند؟ آیا گناه پنداری، گفتاری، کرداری - زدایش پذیر در حافظه با آمرزش است یا فرد را مدام می آزارد؟ آیا احساس گناه، خلجان روحی، عدم اعتماد بنفس، نیاز به تسلی کلامی - در دام افراد سودجو/ فرصت طلب با تظاهر علاقه به گناهکار همراه است؟ گاهی باور به تقدیر فرد را از کارش در ذهن خود تبرئه کرده؛ باعث آسودگی خاطر می شود. شعر گنه از منبع جام غور:

گنه چه است؟

یک رنگ تزلزل

که در آن تیرگی بحر انقلاب ز افکار تازه ام

غوغا میکند

و یا هم عرق زشت سیه رنگ نفس ها

در لابلای حس فطرت ام

در این شبهای سیاه

آیا شک/ تزلزل در دگم گناه، خود گناه، عمل گناه، خاطره گناه- با منطق، عقل سلیم، وجدان، مرور زمان، تجربه بعدی فرد رابطه دارد؟ آیا گناه با "افکار تازه" متزلزل شده؛ فرد را از عذاب می رهاند؟ خط بطلان بر احساس گناه کشیده؛ از حافظه زدوده؛ اصول شخصیتی از نوع غرور، لیاقت، قابلیت- احساس گناه را در

ناخودآگاه دفن می کنند. گناه در حین ارتکاب در مغز گناه نبوده؛ ولی هر از گاهی "غوغا در لابلای حس فطرت" ایجاد کند. عمل گذشته برچسب گناه در ذهن خورده به حرمان و "شبهای سیاه" در امروز فرد تبدیل می شود که فرد خود را شماتت می کند.

آیا گناه ۲ فرد با معصومیت یکی و هجمه دیگری و گناه سهیم بودن ارادی در عمل ۲ نفره در وجدان فرد تفاوت دارند؟ در اولی احساس سوءاستفاده، عدم انصاف، بیتقصیری، ضعف، عدم تجربه، حقارت- روح را می خورد. در دومی تخطی از دگم اخلاقی، دینی، رسوم- زجر روحی ایجاد می کند. در عرفان ۸۰۰ ساله فلات ایران تزکیه نفس راهی برای زدودن امیال و انگیزه گناه بود.
کاتولیکها با اعتراف به گناه کرداری از پدر روحانی طلب آمرزش می کنند.

در شعر گنه ضمیر اشاره "آن/ این" از دید زمانی به گذشته و امروز راوی می تواند ابهام داشته؛ زیرا به جایگاه راوی در زمان و مکان- یعنی در حین ارتکاب در گذشته و یادآوری در حال- بستگی دارد. آیا خیال تنانگی یا خود تنانگی یا شرایط اجتماعی رویداد- گناه تولید می کند؟ گناه می تواند تسلیم قانونی تن علیرغم میل باطنی و تمکین شخصیت در بند باشد. این تمکین با حقارت خود، نفرت از طرف مقابل، انزوای اجتماعی، زوال اعتماد بنفس همراه می شود.

کتاب شعر در غرب نوشته شده؛ ولی محتوای واژگانی آن مربوط به کودکی شاعر در زادگاه او است. هیچ واژه میانسالی و مفاهیم جدید مانند تاکسی، خودرو، برق، آسانسور، قطار- بعد از کودکی شاعر در این مجموعه دیده نمی شوند. سبک بیانی هم کلاسیک بدون اثری از شرایط فعلی شاعر در سطح واژه و استعاره معاصر می باشد. ولی دید در ارایه فکرها بدیع و خلاقانه است.

شاید زندگی خوش کودکی جذبه ای در شرایط نامساعد فعلی، مفری برای گریز به شادی و خاطرات گذشته، باززیستی دوران خوش نوباوگی باشد. شاید پس از

مدتی سرایش مصالح لغوی گذشته کنار مصالح مدرن امروزی قرار گیرند- اگر زندگی روی خوش نشان دهد. لذا شاعر با صداقت کلامی خیالات شیرین گذشته را شعر می کند- پس از ۲۰-۳۰ سال با مصالح و لغات ماضی و نه به روز معاصرش.

کاربرد اسمهای مدرن در شعر گامی در به روز کردن شعر سنتی است. ولی چون محتوای این مجموعه خاطرات و آرزوهای شاعرند؛ لذا کلام سنتی و بومی بوده؛ از زندگی ۲۰ سال گذشته شاعر در غرب واژه ها و مفاهیم جدید مانند نخل، نارگیل، ماشین، یوگا، تلفن، رادیو در شعر نشت نکرده اند. چرا محیط میانسالی با واژه های دریا، سینما، تلویزیون، آنتی بیوتیک، دل درد، سوشی، سالمن، پیتزا، استرس، هواپیما، موز در زبان شعر بکار نرفته؟

آیا عواطف شاد کودکی و نوباوگی علل کاربرد واژگان حیات جوانی است؛ عواطف منفی حافظه واژگانی دوره بعد را آچمز می کنند؟ از زبان مجموعه پرستوها می توان نتیجه گرفت که زبان شاعر از زندگی گذشته بوده؛ لذا شعر برای او مفری از شرایط نامساعد امروز است. آیا جذبه گذشته در شادی آن آنست یا در خود جوانی، پاکی، خلوص گذشته های دور؟ شاعر در واقع در تعهدات مادری ۲۲ سال در غرب استعداد شاعرانه خود را در یخچال منجمد کرد.

حافظه جوانی جزییات بیشتری از اشخاص، رویدادها، مناظر، محیط را انبار می کند؛ در میانسالی جزییات محیطی در حافظه هرس شده؛ لذا گذشت زمان سریعتر حس می شود- اگرچه چرخش زمان در رابطه با زمین بدور خورشید، نوسانات اتمی، ساعت و تقویم همانند که در نوباوگی بوده اند. آیا این حس زمان و حافظه اپیزودیک و کلامی با ساعت زیستی مغز circadian برای تپش قلب، ضربان نبض/ تنفس، برنامه ریزی در غشاء پیشانی رابطه دارد؟

بیان فضای توی صحنه شعر را می توان مانند چشم پشت عدسی دوربین انگاشت. این عدسی محیط را اسکن و ضبط کرده؛ اشیاء درون صحنه را سکانس بندی هندسی/ بصری می کند. این اسکن می تواند کتره ای random یا با الگوی پیوسته مکانی/ زمانی باشد. ساختاربندی با دید کلاژ یا کلایدوسکوپ در بر گیرنده عناصر بصری بدون منطق هندسی، زمانی، پیوستگی فضایی است.

خط دید راوی/ ناظر با سوژه توی صحنه شعری را می توان تعیین کرد. شاعر می تواند هندسه هرم دید راوی را طوری تنظیم کند که برای مخاطب حسپذیر باشد. می توان هندسه سوژه و ناظر را چنان تدارک دید که ناظر نتواند برخی وجنات سوژه را ببیند. مثلا پشت تصویرگر را به ناظر قرار داد تا او کلمات را بر صفحه تصویر نبیند.

آیا گستره واژگانی شاعر مربوط به نوجوانی است؛ یعنی واژه های مدرن در بخش دیگر حافظه اند که برای شعر بکار نمیروند؛ ولی برای زندگی روزمره کاربرد دارند؟ نکته دیگر تجارب زبان میانسالی غیرفارسی در گستره واژگانی نوباوگی در بیان شعر امروزی است. این نکته را می توان با مقایسه ترکیبات/ استعارات شعری این مجموعه با همگنانشان در شعر سنتی مانند حافظ و مولانا تشریح کرد.

اگرچه گنجینه واژگانی شاعر مرتبط به کودکی و نوباوگی او در زادگاهش است؛ ولی دید شاعر شیوه، ساختار، خلاقیت مربوط به پختگی میانسالی در غرب با تجربه دیدن فیلم، عکس برداری، رانندگی در هندسه شهر می باشد. شعر شهلا همیشه موزون و آهنگ غنی دارد.

رانندگی مهارت مدرن بصری-پردازش-اجرایی مغز در محیط نوین است. رانندگی در هندسه مشخص شهر، تنظیم درونی فضاسازی شعر، در ساختار شعر مدرن مهمند. رانندگی مهارتهای مغزی را تحکیم می کند: سریع الانتقالی، حل

مسئله، مانور در فضای ۲-بعدی مانند صفحه تصویرگر برای تحریر کلام، تعیین مبداء-مقصد، تمرکز فکر، بستن فکرهای کتره ای غیرارادی.

نیز تاثیر فیلمهای بعد از نوجوانی و رانندگی در شهر مدرن در حس بصری و هندسی صحنه شعری- بیان را بالغ و دلنشین می کنند. تاثیر فیلم نمابندی/ زمانبندی/ مفصلبندی، دید راوی تا صحنه شعری، گزینش مصالح درون صحنه، تاکید روی جنبه بصری/ استعاره در شعر را بخوبی در شعرهای بلند شاملو، اخوان و فروغ می توان دید. برخی شاعران دهه ۴۰ش این دید جدید عکاسی با دیدگاه و کادر پنجره از درون اتوبوس، قطار، هواپیما را در دید و سبک بیان شعری وارد کردند.

این تاثیر نوجوانی فیلمها، عکاسی، رانندگی در شهر مدرن در روش/ متد حس بصری و هندسی صحنه شعری- بیان مصالح واژگانی و اپیزودیک نوجوانی را بالغ و دلنشین می کنند. تاثیر فیلم بر دید، شیوه سکانس بندی عبارات، تغییر صحنه، زمانبندی را در شعر شهلا می توان دید. سبک دید خطی عدسی- صحنه، شعر او را مدرن و دل انگیز می کند. محتوای بصری بصورت کلام جویده جویده، عبارات بیفعل، استعارات بصری گسسته- بیان می شود. بیان کلامی خیال، جویده و ناپیوسته است که از شبکه ای در حافظه با عصب ربط در مشعر فعال می شود. این بیان مانند فلاش نور در غار تاریکی برخی خصایص موضوع/ سوژه را سریع عبارتبندی می کند.

نقش عاطفه/ ایموسیون مثبت مانند شادی و منفی مانند صدمه/ترامای ناگوار روی تحکیم و تکرار حافظه اپیزودیک حادثه پایه روانکاوی فروید- لاکان است. آیا در شعر هم گزینش/ چینش سوسوری واژگان تابع زمان ورود کلمات و حادثه به حافظه اند؟ یعنی کلام و حادثه در جوانی در حافظه سریعتر، غالبتر، قویتر از میانسالی اند. کلام شعر اخوان و نیما مُهر زمان جوانی آنها را در زادگاهشان دارد

که در میانسالی با زبان کلانشهر تهران به روز نشد. در آثار این ۲ شاعر اصلی ادبیات معاصر اسمهای مدرن ماشین، قطار، سردرد، دل درد، تلفن، ویلون، استرس وجود ندارند.

وقتی زبان شعر به چند دهه پیش در محلی دور از نشانی کنونی باشد؛ دستور زبان گویشی گذشته هم ظاهر می شود. شاعر در کتب بعدی باید زبان شعر را انتخاب کرده؛ به آن وفادار بوده؛ در عمده شعرها بکار گیرد. او یا گویش کابلی، حومه، زبان کاربردی در خانه را در شعر، همگون بکار برد یا بدون تداخل غیرارادی گویش محلی در زبان ادبی فارسی/ دری. نمونه "شرین سخنم" را در گوگل بگذار. چیزی بالا نمی آید- یعنی فارسی نیست. درست آن بفارسی شیرین سخنم است. شاعران دیگر با گویش محلی مثلا تهرانی، هراتی، شیرازی بندرت از سر تفنن آنرا در تمام یک قطعه شعر بکار می برند که شمار خوانندگان را به گویشوران محلی تقلیل می دهد.

ولی آنها زبان ادبی فارسی را با گویش محلی قاطی نمی کنند؛ چون خواننده فارسی از گجرات و تاجیک تا آلبانی و ترکیه گویشهای های محلی دارند؛ ولی زبان ادبی فارسی را در ادبیات فراگیر می فهمند. شاعر می تواند یک قطعه شعر به گویش کابلی/ حومه / زیرگویش ۴دهی کامل برای مخاطبان محلی بنویسد. ولی اکثر جمله بندی و واژگان شعری او فارسی سنتی و ادبی بوده؛ ربطی به گویش ۴دهی، تهرانی، لری باباطاهر ندارند.

یک نمونه از شعر به گویش لری بابا طاهر، سده ۱۱م: چه خوش بی مهربونی هر دو سر بی./ که یک سر مهربونی دردسر بی./ اگر مجنون دل شوریده‌ای داشت./ دل لیلی از او شوریده تر بی. نمونه دیگر مجموعه شعر زیر زبان فارسی روجای نیما به گویش مازندرانی است. در گویشهای زیر زبان ادبی فارسی، برخی کلمات مانند فرز تهرانی محلی اند در دیگر گویشها مانند کابلی بکار نمی روند. بهترین

راه گوگل است که اگر به املای یک واژه شاعر شک دارد؛ آنرا در گوگل بگردد تا پیدا کند.

چرا راوی گاهی یار تخیلی را رو در رو خطاب کرده؛ گاهی در باره اوصاف ش می سراید؟ برای شاعر ۲ ضمیر "ت" و "ش" چه توفیری دارند؟ پاسخ در واشکافی غزلهای مشخص از دیدگاه ضمیر برای یار روشن می شود. شاعر در تخیل گاهی یار بنظرش آمده؛ مستقیم او را خطاب می کند؛ ضمیر "ت" یعنی تو بکار می رود. گاهی یار در خیال شاعر خطور می کند لذا ضمیر "ش" یعنی او بکار می رود.

در غزلها ضمیر "ت" برای گفتگوی مستقیم با طرف در شعر رویا ، آمده: "دو دستت،/ ساعد گرم نیازت/ قطره قطره/ در خوشی گرمی/ موج نفسهایت." نیز ضمیر "ت" در ۲ نمونه دیگر بکار رفته- بوسه: "خشکیده لبانت/ را/ بوسه ی ناب؛" لغزش: "لغزش گرمت/ قدامت/ همتت/ سراپات/ کامت." در بافتار مفصل تکرار تاکیدی "ت" با تلویح آوایی قدام برای قائم قد و همت برای توانا معنای نرینگی را برجسته می کنند. این ایهام قدام و همت ملس است.

در برخی غزلها ضمیر "ش" برای توصیف آرزویی در غیبت یار بکار رفته؛ مانند رسان : "مقدم نورش/ .. ازبهر تکاپو اش در بند وصال/ شکرانه روحش/ نغمه ی معظمش/ لمس مباهات تنش بوسه تر/ آب و نمکش." نقش آرزو : "نگاهش/ خنده اش/ روحش/ دستانش." "مقدم، تکاپو، معظم، بوسه تر/ خیس، آب و نمکش" یک اوجگیری crescendo عضلانی از حسهای بصری، مزه، پوستی را برجسته می کنند.

در شعر زیر، آیا این نیایش با خود است- در باره خویش؟ به ابهام ضمیر "ت" توجه شود- آیا انعکاس خویشتن است با مونولوگ با خود/ خدا یا فرد دیگری در نیایش؟ ت" به فرد دیگر در نیایش، ستایش ۲ سویه حمد در فاعل- مفعول "

احمد- محمود اشاره کند. چرا ابهام در کلام برای تصویر آن فرد- هر که نمیتواند باشد- وجود دارد؟ در ذهن شاعر صرفا یک جسم تخیلی جذاب بی روح است. اما برای خواننده آن جسم میتواند خودش باشد؛ یا آن شخصی که در پهلویش نشسته.

ضمیر جانشین اسم/ فاعل می تواند برای خواننده ابهام آورد؛ این ابهام از تمرکز معنایی و بصری شعر در خوانش نخست می کاهد. محتوا/ معنای شعر را در ذهن خواننده پراکنده می کند. گاهی ضمیر "ت" برای فرد ثالث بجای ضمیر "م" برای من بکار می رود- چرا؟ چون راوی خود را مخاطب قرار می دهد.

شب ها رنگ بگیرند سبز و قرمز

ز نیایشت به درگاه ی خدا. {در این سطر ضمیر "ت" به خود یعنی نیایشم، فرد ثالث، مخاطب می تواند ارجاع دهد. ی کسره است.}

قلبت پَر بغلتد نرم، در پهلوی روح {"ت" برای فرد ثالث است؛ ولی از "روح" آیا منظور روح این فرد ثالث است؟}

چشم دل راهی رنگ های نوید

حست آرام که لغزنده کنار {در "حست" "ت" برای فرد ثالث است؛ ولی کنار به چه کسی ارجاع می کند- به شاعر، به آن دیگری؟}

هوش فرزانه ات چه مست و فرید {از فرد آمده بمعنی یکتا}

راوی مانند عدسی دوربین است- اشیاء، رویدادها، مردم توی صحنه را در تخیل یا واقعیت اسکن کرده؛ داده های حسی را به کلام تبدیل می کند. حواس ۵گانه شنوایی، بینایی، چشایی، بویایی، پوستی دما/ فشار/ بافت- بکار می روند تا محیط را حسی و پذیرای ادراک تجسمی برای مخاطب کنند. در روند عدسی

محاط بر صحنه با ضمیر ۳م شخص مفرد او/ ش/ د شعر برای مخاطب عینیتر از راوی من است. نمونه: وانگه ز شرارش شعله ی زرد بخیزد.

در ترجمه شعر محفل چای فیسبوک ۰۸۱۱۱۳ محیط مهمانی، تقسیم شیرینی، سیب، عطر پاییز، هیاهو، چشیدن /تناول کیک- تمام این ترکیبات کلامی داده های حواس ۵گانه را به مخاطب القا می کنند. در این شعر راوی محفل چای صفا را بیان می کند؛ ولی خود در محفل قرار ندارد تا از دید من/ خود حدیث نفس کند. راوی مانند یک ژورنالیست رویداد محفل را عرضه عینی می کند.

گاهی هم در شعر دیالوگ من- تو با راوی من است. نمونه،شعر زن: تو ساق پا بینی و من مقدم ی ز مهر/ تو آن قد رسایش و من یک شاد الهام ز شعر. بندرت چرخش راوی از من به تو یا او بکار می رود. نمونه شعر بلند افسانه نیما در ۱۳۲۰ش.

راوی با تداخل ضمیر من/ م برای حدیث نفس/ شرح حال، شعر را خصوصی و انتیم برای مخاطب می کند. نمونه ص ۳: هر لحظه من به یاد رویت شعر میشوم. در برخی شعرها راوی روی سخن خطابی را با ضمایر تو/ ت/ د یا ای! برای ۲م شخص مفرد بکار می برد. نمونه: ز حس پامال شدنت با دیده ی ضریر؛ به ستایش زن: اسمت، لاجوردین. اشک: ای که اشکت ز تراوش های دل، قصه دارد نرمین.

منابع. ۱۳/۰۸/۲۰۱۳

صفحه خانوادگی https://www.facebook.com/shahla.wallizada

About Author:

Shahla Latifi was born and raised in Kabul, Afghanistan.

 Now she lives and writes in Florida .

Many of her poems deal with inhumanity, but despite of all she is passionate about love and equality.

Title: Parastooha (Persian Edition)
Author: Shahla Latifi
ISBN: 978- 1942912057
LCCN (Library Congress Control Number): 2015916626
Publisher: Supreme Art, Los Angeles, CA

Prepare for Publishing: Asan Nashr
www.ASANASHR.com

Shahla Latifi © 2014
All Rights Reserved

All rights reserved. No part of this book may be reproduced or transmitted in any form or by any means, electronic or mechanical, including photocopying and recording, or by any information storage and retrieval system, without permission in writing from the author.